왜 원칙은
흔들리는가

BOUNDED ETHICALITY

왜 원칙은
흔들리는가

윤리성, 공정, 정의의 회복을 위한 책

민재형(서강대 교수) 지음

월요일의꿈

원칙이 바로 서야 하는
윤리성의 시대 앞에서

윤리성, 공정, 정의, 원칙 등은 이 시대의 화두이다. 기업, 공공기관, 대학 등 많은 조직에서 윤리성을 강조하고 있고, 윤리경영 및 교육 프로그램도 도입하고 있다. 하지만 기존의 윤리경영 프로그램이나 교육 프로그램을 보면 대부분 설교식, 주입식에 그치고 있는 것이 사실이다. '당연히 해서는 안 되는 일을 하지 말라', '비윤리적인 관습을 고치자'식의 윤리 헌장이나 강령을 구성원들에게 요구하고 있다. 그러나 다 큰 성인成人들에게 윤리적으로 행동하라는 설교조의 가르침은 별 효과가 없다. 오히려 이러한 윤리 헌장이나 윤리경영 프로그램으로 인해 구성원들이 자신들의 윤리적 책임감이 면제된 것으로 착각하게 되고, 그 결과 그들의 윤리적 판단 능력이나 동기가 프로그램의 원래 의도와는 반대로 약화될 수 있다.

성인을 대상으로 하는 윤리교육은 인간의 인지적 한계로 의도치 않게 발생하는 비윤리적 행동, 즉 '제한된 윤리성bounded ethicality'에 초점을 맞추는 것이 훨씬 효과적이다. 설교식preaching이 아닌 자발적 교정 방식nudging으로 윤리교육의 패러다임이 바뀔 필요가 있다.

이 책의 주제인 제한된 윤리성은 자신도 모르는 사이 부시불식간에 일어나는 비윤리적 판단이나 행동을 말한다. 무심코 걸려드는 비윤리의 덫이다. 그래서 이 책은 개인이나 조직이 자신들도 인지하지 못한 채 비윤리적 판단이나 행동을 하게 되는 열여덟 가지 이유를 국내외의 연구 결과, 실제 사례 등을 통해 살펴보고, 이에 대한 해결방안까지 논의함으로써 궁극적으로 우리 사회 구성원의 윤리적 의사결정 능력을 향상시키는 데 도움을 주고자 집필됐다.

아울러 제한된 윤리성이라는 주제를 공부하면서 우리가 곰씹어봐야 할 좋은 의사결정을 위한 아홉 가지 팁tip도 함께 제안하였다. 또한 전문어의 사용을 가능한 자제하여 독자들이 편하게 책의 내용을 읽고 공감할 수 있도록 노력하였다. 책의 내용과 우리가 현재 경험하는 사회 현상을 연결함으로써 이론과 실제가 어떻게 접목되는지 파악할 수 있고, 또 그렇게 함으로써 책의 내용을 간접 체험할 수 있을 것이다.

책의 말미에는 '후회 없는 의사결정을 위한 잠언 101'을 〈부 록〉으로 담아 책을 통해 독자들이 간직했으면 하는 101개의 교훈을 짤막한 문장들로 제공하였다.

참고로, 책의 내용 중 일부는 K-MOOCKorean Massive, Open, Online, Course의 지원을 받아 〈제한된 윤리성: 원인과 처방〉이라는 6주짜리 동영상 강좌로 만들어져 2022년 1월초부터 일반인에게 제공되고 있다. 이 책은 이 동영상 강좌의 내용을 보완한 결과물이다. 책의 취지에 공감하여 출판을 흔쾌히 허락해준 '월요일의 꿈'에도 감사의 말씀을 전한다.

바라건대 이 책을 통해 독자 자신이 지금까지 부지불식간에 했던 비윤리적 판단이나 행태를 다시금 돌아보고, 반성하고, 또 이를 교정하고자 하는 마음가짐을 갖게 된다면, 이 책을 준비한 사람으로서 더없는 영광이자 보람이 될 것이다.

2022년 5월
바오로관 연구실에서
저자 씀

Contents

프롤로그 원칙이 바로 서야 하는 윤리성의 시대 앞에서 5

1장
제한된 윤리성, 좋은 의사결정을 가로막는 보이지 않는 덫

01 루비콘강을 건너다 13

02 윤리성, 좋은 의사결정의 마지막 조건 16

03 설교인가? 넛징인가? 20

2장
왜 원칙은 쉽게 흔들리는가: 제한된 윤리성의 18가지 원인

01 나 정도면 잘한 거지: 자기 기여의 과대평가 27

02 우리 애는 그럴 리 없어요: 워비곤 호수 효과 30

03 우리가 남이가: 혈연, 지연, 학연… 연고주의의 유혹 36

04 집단의 생각은 개인의 생각보다 우월할까: 집단사고의 함정 41

05 내 마음속의 색안경: 대표성 휴리스틱 51

06 결정적 순간에 드러나는 나의 숨겨진 마음: 내재적 태도 59

07 공익과 사익 사이에서: 이해의 충돌 문제 67

08 공유지의 비극과 반공유지의 비극: '제한된 의지력'의 한계 72

09 최저가낙찰제가 무서운 이유: 알면서도 저지르는 동기적 판단 착오 77

10 식사 한 번 정도야…: 한번 이동한 원칙은 되돌아가지 않는다! 81

11 '노동착취는 없었다'던 애플의 진실: 간접적으로 행하는 비윤리적 행위 87

12 옳은 목표를 향해 뛰고 있는가: 잘못된 목표의 치명적 결과 95

13 제각각의 이해관계자들 사이에서: 풍선효과와 만족해 98

14 좋은 의도가 나쁜 결과를 가져오는 순간: 코브라 효과 **101**

15 미국의 국가금주법 '볼스테드법'의 교훈: 입법에 신중해야 하는 이유 **107**

16 비윤리적 행동이 어디서나 반복되는 이유: 비윤리성의 기억 상실증 **114**

17 비도덕적 행위가 정당한 것으로 둔갑하다: 도덕성의 분리 **118**

18 도덕적 인간이 오히려 나쁜 사회를 만든다: '도덕 면허'라는 이율배반적 심리 **134**

3장
원칙이 바로 서는 좋은 의사결정의 기술 9
───────────────────────────────────

01 위기를 대하는 자세: 검은 백조와 회색 코뿔소 이야기 **145**

02 기본값 재설계하기 **163**

03 이성을 짓밟는 욱하는 마음을 조심하라 **176**

04 섣부른 오판을 부르는 비교의 함정에서 벗어나기 **182**

05 그래프와 그림에 숨은 오해와 진실 **188**

06 백기사 신드롬, 두 얼굴의 백기사를 기억하라 **193**

07 문제? 해결이 아니라 예방해야 하는 것 **198**

08 획기적인 솔루션을 찾는 방법 **201**

09 리더의 자격 **209**

에필로그 "참으로 아는 사람은 말이 없는 법이다" **215**

부록 후회 없는 의사결정을 위한 잠언 101 **219**

주 **236**

1장

제한된 윤리성,
좋은 의사결정을 가로막는
보이지 않는 덫

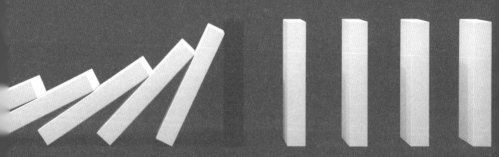

루비콘강을 건너다

주사위는 던져졌다.

– 메난드로스Menandros, 고대 그리스의 희극작가

"순간의 선택이 10년을 좌우합니다." 한 가전업체의 유명한 광고 문구이다. 선택을 신중히 해야 함을 강조하는 말이다. 왜 순간의 선택이 중요할까? 선택이란 단순히 가장 매력적인 것을 고르는 일로 끝나지 않을 수 있기 때문이다. 예를 들어, 내가 집을 구한다고 하자. 여러 가지 조건을 따져 이에 적합한 집들을 둘러보고 마침내 한 곳을 선택해 계약했다. 그런데 며칠 뒤 생각해보니 다른 집이 더 괜찮은 것 같아 계약을 취소하고 싶어졌다. 이때 내가 이미 선택한 것을 취소하면 선택 이전의 상황으로 돌아갈 수 있을까? 현실은 그렇지 않다. 부동산계약법에 따라 계약금을 잃거나

그 이상의 비용을 치러야 할 것이다. 이처럼 어떤 선택을 할 땐 자원의 배분이 수반된다. 그로 인해 선택하기 이전의 상황으로 돌아가는 것이 불가능하거나 혹여 되돌릴 수 있다고 해도 매우 큰 비용을 감수해야 한다. 선택이 중요한 이유가 여기에 있다.

여럿 가운데 하나를 고르는 개념으로서의 선택이 후속적인 행동과 자원 배분을 수반하는 경우, 이를 '의사결정decision making'이라 한다. 일상에서 우리는 의사결정이라는 말을 선택choice, 판단judgment 등의 동의어로 사용하지만, 의사결정이란 단순한 선택이나 판단의 범주를 넘어서는 개념이다. '선택'이란 여러 선택지 가운데 하나를 고름을 의미하고, '판단'은 '옳고 그름을 가리다', '일정한 논리와 기준에 따라 사물의 가치와 관계를 결정하다'로 해석된다. 하지만 의사결정은 '이것을 고르겠다', '이렇게 행동하겠다'라는 정신적인 의지mental commitment에 그치는 것이 아니다. 이러한 의지에 따라 내가 가진 희소한 자원을 돌이킬 수 없게 실제로 배분하는 일까지 포함한다. 그래서 의사결정은 '루비콘Rubicon 강을 건너는 것'과 같다. (기원전 49년 로마의 율리우스 카이사르Julius Caesar가 이끄는 로마군은 마침내 갈리아를 정복하고 로마로 귀환한다. 카이사르의 인기를 두려워한 원로원 귀족들은 카이사르의 군대가 로마로 귀환할 때 로마 북동쪽에 있는 루비콘강을 무장을 해제하고 건너도록 요구하였다. 무장한 채로 루비콘강을 건너는 일은 반역을 도모하는 것으로 여기겠다는 최후통첩이었다. 카이사르는 중요한 결정을 내려야 했다. 무장을 해제하고 로마로 가서 자신의 목숨을 노리던 당시 원로원 귀족들에게 목숨을 내주든지, 아니면 무장한 채로 루비콘강을 건너 내전을 불사하든지 양자 간의 택일을 해야 했다. 고민 끝에 카이사르는, 희극작가 메난드로스의 표현에 따르면, "주사위는 던져졌다"라는 말을 하며 후자를 택하게 된다. 이후로 '루비콘강을 건너다'라는 표현은 돌이킬 수 없는 결정을 의미하는 말로 사용된다.)

의사결정이란 어떤 일을 하겠다는 추상적인 의지라기보다는 자원의 배분을 통한 실질적인 행동의 추구이며, 개인과 조직의 자원 배분 활동을 필연적으로 수반하는 행동 지향적 사고 actionable thought이다. 그래서 되돌리기가 불가능하거나, 가능하더라도 매우 큰 비용을 초래한다.

윤리성,
좋은 의사결정의 마지막 조건

너는 형제의 눈 속에 든 티는 보면서도 어째서 제 눈 속에 들어 있는 들보는
깨닫지 못하느냐?

– 〈누가복음〉6장 41절

좋은 의사결정은 어떤 조건을 갖추어야 할까? 좋은 의사결정이
되려면 기본적으로 세 가지 조건을 갖추어야 한다. 의사결정은
사려 깊고prudential, 법적으로 타당하며legal, 윤리적ethical이어야
한다. 사려 깊은 의사결정이란 체계적이고 논리적인 의사결정을
말한다. 이는 교육과 훈련으로 가능해질 수 있다. 법적으로 타당
한 의사결정이란 현실 세계의 법과 규칙을 벗어나지 않는 의사결
정으로, 이는 법과 규칙에 명시된 바에 의해 비교적 쉽게 구분할
수 있다. 이 두 가지 조건에 비해 윤리적인 의사결정은 그 기준이
매우 불분명하다. 게다가 윤리적인 의사결정을 한다는 게 생각처

럼 쉬운 일이 아니다. 정의나 공정성처럼 주관적이면서도 추상적인 개념이다. 나는 정의롭게 행동한다고 하지만 남이 보기에는 정의롭지 않고, 나는 공정하다고 하지만 남에게는 불공정한 태도로 비칠 수 있듯이 윤리성도 그러하다.

'아시타비我是他非'란 말이 있다. 나는 옳고 다른 이는 그르다는 뜻이다. 객관적으로 같은 상황에 부닥쳤을 때 자신과 남을 상반된 시선으로 바라보는 이중 잣대 평가를 말한다. 현인賢人들은 자신에게는 엄격하고 남에게는 관대하라고 하지만 반대로 나에게는 관대하고 타인에게는 엄격함을 보인다. 요즘 말로 하면 '내로남불(내가 하면 로맨스 남이 하면 불륜)'이다. 매사를 객관적인 눈으로 바라봐야 하지만 기본적인 인성이 없는 사람에게는 요원한 외침일 뿐이다.

"어떻게 그럴 수가 있지?" "인간으로서 너무 뻔뻔하잖아!" 우리는 다른 사람의 행동에 대해 윤리적 잣대를 들이대며 이러쿵저러쿵 이야기하기를 좋아한다. 하지만 자기 자신에 대해선 어떤가? 자신이 한 행동과 결정은 항상 윤리적인가?

미국 방위산업체 록히드마틴Lockheed Martin의 CEO였던 노먼 어거스틴Norman Augustine은 다음 네 가지 질문에 자문자답함으로써 자신의 판단이나 행동이 윤리적인지 아닌지를 파악할 수 있다고 했다.

첫째, 이 일이 법에 저촉되지 않는가?

둘째, 만일 다른 사람이 당신에게 이것을 똑같이 행할 경우, 당신은 그때도 이 일이 정당하다고 생각하겠는가?

셋째, 내일 조간신문 1면에 이 일이 기사화되어도 괜찮은가?

넷째, 당신 어머니가 당신이 이 일을 한 것을 알아도 괜찮은가?

이 네 가지 질문에 주저 없이 모두 "예"라고 대답할 수 있다면 당신의 행위는 윤리적이라고 할 수 있다. 어찌 보면 이 질문들이 우스갯소리로 들릴 수도 있다. 하지만 이 질문들은 역설적으로 우리의 판단이나 행동이 윤리적인지를 판별하는 기준이 매우 모호하다는 것을 지적하고 있다.

개인뿐만 아니라 조직에서도 비윤리적 행위나 부정은 일어난다. 이유는 말할 것도 없이 구성원들이 조직의 윤리규정을 지키지 않거나 왜곡하기 때문이다. 그렇다면 왜 그 구성원은 조직이 강조하는 윤리규정을 지키지 않는 것일까? 조직의 책임 있는 사람들이 자신들이 주장하는 바와는 달리 비윤리적 행위에 무감각하고 또 자신들도 알지 못하는 사이에 구성원들의 비윤리적 행위를 조장하기 때문이다. 그들이 비윤리적 행위에 무감각하고 부지불식간에 비윤리적 판단이나 행동에 동참하는 이유는 인간의 인지 편향cognitive biases*과 관련이 있다. 인간의 인지 편향은 자신도 모르게 윤리적 의사결정을 희석하고, 시들게 하고, 왜곡한다. 즉 사람들은 종종 자신들이 비윤리적으로 행동한다고 인식하지 못한 채 비윤리적인 행동을 한다. 이를 '제한된 윤리성bounded ethicality'이라고 한다. 이는 당위적 윤리성, 즉 인간이라면 마땅히 지켜야 한다고 믿는 윤리적 판단이나 행동이 인간의 인지 편향에 의해 제한됨을 의미한다.

---

* 인간 두뇌의 한계로 인해 발생하는 고의성이 없는 판단 착오judgemental errors 를 말한다. 이에 반해 어떤 동기적 요인에 의해 고의로 일으키는 판단 착오 는 '동기적 판단 착오motivational biases'라고 한다.

설교인가?
넛징인가?

너나 잘하세요.

– 영화 〈친절한 금자씨〉 중에서

주지하다시피 윤리성은 공정성, 정의로움과 함께 이 시대의 화두
이다. 기업, 조직, 대학 등 사람들이 모여 일을 하는 곳에서는 항
상 윤리성을 강조한다. 기업윤리, 직업윤리, 공직자윤리, 퇴직자윤
리 등등 윤리가 접미사처럼 붙는 시대이다. 그래서 사회 어디서나
구성원의 윤리교육을 강조한다. 하지만 윤리교육의 현주소는 어
떠한가?

　당연히 하지 말아야 할 것don'ts을 하지 말라거나 이렇게 해야
윤리적인 행동이라는 픽스잇 패러다임fix-it paradigm의 윤리교육이
주를 이룬다. 예를 들어, 학교나 기업의 윤리 헌장을 한번 살펴보

나이키Nike의 기업 윤리강령

1. 고용은 자발적이어야 합니다.
2. 근로자는 16세 이상이어야 합니다.
3. 협력업체는 차별하여서는 안 됩니다.
4. 조합활동 및 단체협약은 존중되어야 합니다.
5. 보상은 적합한 시기에 지급되어야 합니다.
6. 희롱과 학대는 허용되어서는 안 됩니다.
7. 근로시간은 초과되어서는 안 됩니다.
8. 정규직으로 고용해야 합니다.
9. 작업장은 건강하고 안전해야 합니다.
10. 환경영향은 최소화해야 합니다.
11. 행동강령은 완벽하게 실행되어야 합니다.

라. 모두 상식적으로 해서는 안 될 일을 하지 말라는 윤리강령을 나열한 것이 대부분이다.

우리가 곰곰이 생각해봐야 할 것은 우리 주위에서 관찰되는 많은 비윤리적 행동은 의식적으로 또는 고의적으로 행해지는 경우보다는 인간의 인지 편향에 의해 부지불식간에 발생하는 경우가 더 많다는 것이다. 하지만 지금까지 우리의 윤리교육은 '비윤리적 행동의 의식적 금지'에만 국한되어왔다. 사실 다 큰 성인成人들에게 윤리적으로 행동하라는 설교조의 가르침은 별 효과가 없다. 어느 영화의 대사처럼 "너나 잘하세요" 같은 반응만 불러일으킬 뿐이다.

성인을 대상으로 하는 윤리교육은 인간의 인지적 한계로 의도

삼성전자로지텍의 윤리강령(일부)	
구분	윤리강령(don'ts)
부정행위 금지 및 공사 구분	• 공사(公私)를 명확히 구분하여, 자신의 직위를 이용하여 사리를 도모하지 않겠습니다. • 회사의 유, 무형의 자산을 사적인 용도로 사용하지 않겠습니다. • 이해관계자로부터 직, 간접적인 금품, 특혜, 편의 향응의 수수 등 일체의 부정행위를 하지 않겠습니다. • 사회의 질서나 안전에 위협을 주는 반사회적 행위에 관여하거나 회사의 이익에 반하는 사회활동과 경제활동을 하지 않겠습니다.
직장 내 성희롱 금지	• 임직원은 성희롱이 개인의 인권을 침해하고 직장의 분위기를 저해하는 위법행위임을 인식하고 일체의 성희롱 행위를 하지 않겠습니다. • 음담패설을 삼가고, 회사에서 인터넷 음란 사이트에 접속하지 않겠습니다. • 동료 직원의 신체에 대해 성적인 평가나 비유를 하지 않겠습니다. • 상대방에게 불쾌감을 줄 수 있는 언어와 신체적 접촉을 삼가겠습니다.
동료 직원 관계	• 직원 상호 간의 금전거래 행위는 조직 화합을 해치는 등의 중대한 손실을 초래할 수 있으므로 직원 상호자금전대차(직원끼리 서로 돈을 빌리거나 빌려주는 자금 거래 행위), 보증 등 일체의 금전거래 행위를 하지 않겠습니다. • 하위직급자가 상사에게 개인적으로 금품을 제공하는 행위를 하지 않겠습니다. • 조직융화와 회사의 발전을 저해할 수 있는 사조직이나 모임을 결성하지 않겠습니다.
거래처와의 관계	• 직, 간접적 금전거래 및 선물, 금품이나 향응을 받지 않겠습니다. • 직급이나 직무를 이용하여 사리 도모 및 거래선 폐해 등 어떠한 형태의 부당행위도 하지 않겠습니다. • 투명한 거래풍토 조성 및 청결한 거래 질서 유지를 위해 함께 노력하겠습니다.

치 않게 발생하는 비윤리적인 행동, 즉 제한된 윤리성에 초점을 맞추는 것이 더 효과적이다. 그래서 지금까지의 설교preaching형 교육에서 자신을 스스로 교정하는nudging 방식으로 윤리교육의

패러다임이 바뀔 필요가 있다.

돌리 처프Dolly Chugh와 동료들은 제한된 윤리성을 '자신이 선호하는 윤리와 다르게 윤리적으로 문제가 있는 행동에 사람들을 가담하도록 하는 체계적이며systematic, 예측 가능한predictable 심리 과정'이라고 정의했다.[1] 여기서 '체계적'이란 말은 원인을 알면 교정이 가능하다는 의미이고, '예측 가능하다'는 것은 어떤 원인이 작용하면 어떤 제한된 윤리성이 발생할 수 있음을 미리 예상할 수 있다는 말이다.

나도 모르는 사이에 발생하는 비윤리적 판단이나 행동을 스스로 교정하기 위해서는 제한된 윤리성을 초래하는 원인에 대한 이해가 필요하다. 그렇다면 무엇이 제한된 윤리성을 초래하는지 하나씩 이야기를 풀어보자.

왜 원칙은 쉽게 흔들리는가:
제한된 윤리성의 18가지 원인

나 정도면 잘한 거지:
자기 기여의 과대평가

사람은 이익의 가능성은 조금이라도 과대평가하고, 손실의 가능성은 과소평가한다. 웬만큼 건강하고 기력 있는 사람치고 손실의 가능성을 실제보다 과대평가하는 사람은 거의 없다.

– 애덤 스미스Adam Smith, 《국부론The Wealth of Nations》

인간은 자신이 이룬 업적을 객관적으로 바라보기보다는 과대평가하려는 습성을 가지고 있다. 이러한 습성은 여러 가지 실험을 통해 밝혀지고 있는데, 특히 공동으로 이룬 업적에 대한 '자기 기여의 과대평가overclaim one's own credit'는 상대방의 관점에서는 비윤리적인 행동이 될 수 있다. 예컨대 부부간의 가사 분담률이라든지 수업 시간의 팀 프로젝트에 대한 팀원들의 기여도 등을 조사해보면 전체의 합이 100퍼센트를 넘는 경우가 흔하다.

　기업에서 합작 프로젝트를 진행할 때 자사가 100퍼센트 투자해 수행하는 프로젝트에는 회사에서 능력이 가장 뛰어난 직원들을 선발해 투입한다. 하지만 다른 회사와 공동으로 수행하는 프로젝트에는 그저 그런 직원을 보내는 경우가 많다. 왜 그럴까? 프로젝트 완료 후 이익 분배 시 일어날 수 있는 기여도 분쟁을 예상했을 때 혹시라도 원하는 만큼의 이익을 가져오지 못할 바에는 굳이 전력을 다할 필요가 없다는 심리 때문이다.

팀 스포츠에서도 선수들은 자신의 노력이나 공헌이 실제보다 더 크다고 믿는 경향이 있다. 팀에 대한 선수 각자의 공헌도의 총합은 100퍼센트를 넘을 수 없다. 하지만 선수들 각자가 스스로 평가한 팀 혹은 승리에 대한 공헌도를 합산해보면 항상 100퍼센트를 넘는다. 이러한 본인 공헌에 대한 과대평가는 다양한 불만과 갈등의 원인이 된다. 결과도, 보상도, 남들의 인정도 자신이 기여한 만큼 얻는다고 느끼지 못하기 때문이다.[2]

자기 기여의 과대평가는 도덕성에도 적용된다. 프란체스카 지노Francesca Gino는 사람들이 윤리적 표준을 지키는 자기 능력을 과대평가한다는 실험 결과를 보고하고 있다.[3] 사람들은 대부분 자신이 다른 이들보다 도덕적이고, 또 미래에도 다른 이들보다 윤리적으로 행동할 것으로 믿고 있다. 또한 다른 사람이 저지른 일탈 행위는 자신의 행위보다 훨씬 도덕적으로 문제가 있는 것으로 생각한다.

공동으로 이룬 일에 대한 기여도는 자신이 아닌 남이 평가하는 것이 좀 더 객관적이다. 그래서 필자는 대학에서 학생들의 팀 프로젝트를 평가할 때 팀원들 각자에게 자신의 기여도는 평가하지 않게 한다. 오직 동료 팀원들의 기여도만을 평가하게 하고, 그 평가 결과들을 평균해서 이를 각 팀원의 기여도로 정한다. 자기 기여의 과대평가를 줄이는 방법이다.

우리 애는 그럴 리 없어요:
워비곤 호수 효과

"우리 애는 안 그래요."
"내 남편이 그럴 리 없어요."
"우리 강아지는 안 물어요."
– 자녀, 배우자, 반려견에 대한 흔하지만 이상한 확신들

"우리 애는 그럴 리 없어요." 부모들이 많이 하는 이야기이다. 자기 자식들은 다른 아이들과는 달리 그런 짓을 할 리가 없다는 확신에 찬 말이다. '워비곤 호수 효과Lake Wobegon effect'의 한 예이다.

워비곤 호수는 미국의 풍자작가 개리슨 케일러Garrison Keillor가 라디오 버라이어티 쇼인 〈프레리 홈 컴패니언A Prairie Home Companion〉에서 '워비곤 호수로부터 온 소식News from Lake Wobegon'이라는 코너를 위해 만든 가상의 마을이다.* 이 마을의 독특한 점은 마을 사람들이 모두 자신들을 특별하게 생각한다는 것이다. 여자들은 자신들이 다른 마을 여자들보다 힘이 세다고,

남자들은 자신들이 보통의 남자들보다 잘 생겼다고, 심지어 아이들도 자신들이 평균보다 훨씬 똑똑하다고 믿고 있다. 사실 이 마을 사람들은 다른 마을 사람들에 비해 딱히 특별한 점이 없음에도 불구하고 자신들이 그렇다고 믿고 있다. 이 라디오 쇼가 히트하면서 자기 능력을 과대평가하거나 과신하는 현상을 '워비곤 호수 효과'라고 부르게 되었다. 사실 사람들은 우연에 의한 성공도 자기 능력 덕분이라고 믿는 '자기위주 편향self-serving bias'에 곧잘 빠지곤 한다. 다음 두 질문에 답해보자.

1. 이와 같은 사업의 성공 가능성은 보통 얼마나 될까요?
2. 당신이 그 사업에서 성공할 가능성은 얼마나 될까요?

첫 번째 질문에 대한 대답보다 두 번째 질문에 대한 대답이 훨씬 크게 나오는 것은 흔한 일이다. 객관적인 성공 가능성은 남의 이야기이고, 내가 하면 성공할 가능성이 커진다. 카지노에서 가장 승률이 높은 게임도 승률이 50퍼센트가 채 안 된다. 이는 장기적인 관점에서의 평균**을 생각하면 결국은 돈을 잃는 게임이라는 뜻이다. 사람이 이성적이라면 카지노 산업은 모두 망했을 것이다.

---

* 워비곤Wobegon은 '근심woe'과 '사라진be gone'의 합성어로 '근심 없는 마을'을 의미한다.
** 이를 통계학에서는 '기대값expected value'이라고 부른다.

하지만 카지노 산업은 세계 어느 곳을 가든 황금알을 낳는 산업이다. 도덕성을 외치는 싱가포르도 카지노를 도입하고 있다. 이는 객관적인 승률은 남의 이야기이고, 뭐든 내가 하면 대박을 터트릴 것 같은 인간의 심리 때문이다. 우리나라 강원랜드 주변의 많은 노숙자도 대박의 꿈을 안고 이곳에 온 사람들이었다.

존 캐널John Cannell은 재미있는 연구를 수행하였다.[4] 미국 50개 주 학생들의 학력고사 성적을 가지고 미국 전체 학생의 평균 성적과 각 주 학생의 평균 성적을 산출하였다. 상식적으로 각 주의 학력고사 평균 성적 모두가 미국 전체 학생의 평균 성적보다 높을 수는 없지만 모든 주 정부가 하나같이 자기네 주 학생의 평균 성적은 전국의 평균 성적보다 높이 나왔다고 주장했다는 것이다. 그리고 그러한 주장을 각 주의 주민들 또한 믿었다는 것이다. 하나같이 자기네 주 학생들의 수학능력을 과대평가하는, 통계적으로 불가능한 결과를 보여주고 있다.

1997년 〈US뉴스앤드월드리포트U.S. News and World Report〉는 1000명의 미국인을 대상으로 유명 인사 여럿을 두고 천국에 갈 가능성이 가장 큰 사람이 누구인지 물어 천국 갈 확률이 얼마나 되는지를 평가해보았다.[5] 유명 인사 중 가장 높은 평가를 받은 사람은 마더 테레사로 79퍼센트의 표를 얻었다. 이어 오프라 윈프리가 66퍼센트, 마이클 조던 65퍼센트, 영국의 왕세자비 다이애나가 60퍼센트, 그 당시 미국 대통령이었던 빌 클린턴은 52퍼센트 순이었다. 이제 '당신은 천국에 갈 수 있을까?'라는 질문에 얼마나 '그렇다'라고 응답했을까? 자그마치 87퍼센트였다고 한다. 천국에 갈 확률이 성녀聖女인 마더 테레사보다 내가 더 높게 나온 것이다.

이렇듯 나를 객관적으로 보기란 쉽지 않은 문제다. 자신에 대한 과신 오류는 남녀 구분 없이 누구에게나 있다. 미국 대학교수의 94퍼센트는 자신이 평범한 동료 교수들보다 성과가 더 좋다고 생각하고 있고, 대부분의 미국 남자들은 자신이 미남이라고 생각한다.[6] 직장에서도 사원들을 평가할 때 상위 약 20퍼센트 정도를 우수사원으로 분류한다. 그러나 사원들에게 직접 설문조사를 해 보면 80퍼센트 정도가 스스로를 우수사원이라고 답한다. 필자도 기말시험을 치른 학생들에게 '자신이 이 과목에서 A학점을 받을 거라 생각하는지'를 조사한 적이 있는데 '그렇다'고 응답한 비율이 50퍼센트를 훌쩍 상회했다. A학점의 상대평가 비율이 (그것도 많이 후해져서) 최대 30퍼센트임을 학생들이 아는 데도 말이다.

워비곤 호수 효과는 사회 곳곳에서 발견된다. 미국의 사례를 보면, 사람들 대부분은 자신이 평균보다 지적이고 운전을 잘한다고 믿고 있으며, 노동자의 90퍼센트 이상이 '나는 중간 성과를 보이는 노동자보다 생산적이다'라고 믿고 있다고 한다. 미국의 고등학교 졸업반 학생 100만 명을 대상으로 한 조사에서도 70퍼센트 이상의 학생이 자신의 리더십 역량이 평균보다 높다고 응답했으며,

단지 2퍼센트만이 평균보다 낮다고 응답했다.[7] 위 모든 조사에서 평균보다 높다는 응답률의 합리적 수치는 50퍼센트 정도가 되어야 한다.

우리나라에서도 한 구직사이트가 구직자 2013명을 대상으로 조사한 결과, '나는 평균보다 우수한 인재'라고 생각하는 사람이 70퍼센트에 달했고 이 중 대부분인 약 80퍼센트는 자기 능력에 비해 언봉이 낮다고 불평했다고 한다. "당신의 운전 실력은 어느 정도 되는가?" "회사에서 당신의 기여도는 어느 정도인가?"라고 물으면 응답자의 약 80~90퍼센트의 사람들이 '잘하는 편'이라고 답한다. 실제보다 30~40퍼센트 더 많은 사람들이 자신을 과대평가하고 있다는 결론이다. 세계 어느 나라나 거의 비슷한 결과가 나타난다. 통계적으로 불가능한 이야기이다.

'희망의 저주wishful thinking'라는 말이 있다. 이는 자기 과신over-confidence과 낙관주의optimism의 산물로 자신이 바라는 바가 쉽게 이루어지리라는 근거 없는 믿음을 말한다. 희망을 품는 건 좋은 일이다. 하지만 근거 없는 희망은 판단 과정에서 오히려 독이 될 수 있다. 판단과 행동은 분리해서 생각해야 한다. 희망은 행동 과정에서 원동력이 될 수 있다. 하지만 근거 없는 희망은 오히려 판단을 그르치게 한다.

'정신적 대비mental contrasting'라는 자기조절 전략[8]을 이용하면 희망의 저주를 크게 줄일 수 있다. 모든 일에 있어 꿈과 희망과 함께 현실적인 제약까지 생각하라는 것이다. 그렇게 할 경우, 꿈이 비록 높다 하더라도 꿈의 실현 확률을 더 높일 수 있다. 하지만 현실적 제약을 전혀 고려하지 않은 채 희망에만 사로잡힐 경우, 그 희망이 실현되지 않으면 상실감과 무력감만 남게 된다. 희망에 만 사로잡힌 사람들이 오래 버티지 못하는 이유이다.

우리가 남이가:
혈연, 지연, 학연… 연고주의의 유혹

대다수의 전제專制, autocracy는 집합화된 전제다.

– 에드먼드 버크Edmund Burke, 영국의 정치철학자

어느 사회를 막론하고 혈연, 지연, 학연 등이 미치는 영향력은 무시할 수 없을 정도로 크다. K대 교우회, 모 지역 향우회, 해병대 전우회는 우리나라에서 영원히 없어지지 않을 거라는 우스갯소리도 있지 않은가.

한정된 자원을 배분해야 할 때 객관적인 평가 기준도 중요한 문제지만 연고주의in-group favoritism가 미치는 영향을 배제할 수 없다. 혹자는 이왕이면 아는 사람에게 호의를 베풀 수도 있는 일이지, 그게 그렇게 큰 잘못이냐고 항변할지도 모르겠다. 하지만 희소 자원을 배분할 때 어느 특정 그룹에 관한 호의는 다른 그룹에

는 차별로 인식될 수 있다. 다시 말해 연고 중시 행태는 한정된 자원의 잘못된 배분을 초래할 수 있다.

미국 사회에서는 유색인종보다는 백인에게 은행 대출이 수월한 경향이 있다. 이는 은행 대출을 맡는 직원이 백인인 경우가 많기 때문이다. 우리 사회에도 '우리가 남이가'라는 마인드가 강하게 자리 잡고 있다. 특정 배경을 공유한 집단 구성원들이 서로 밀어주고 끌어주는 일이 흔하게 일어난다. 그런 모습을 볼 때면 객관적 기준보다는 다른 어떤 것이 더욱 중요하게 작용한다는 것을 쉽게 짐작할 수 있다.

엘리트 카르텔형은 사회 상층부 구성원들이 광범위한 네트워크를 구축하여 부패의 전리품을 나누어 가지며 현 질서의 유지를 통해 기득권을 지키죠. 족벌체제형과 달리 복수가 아닌 단일한 엘리트 카르텔이 시스템을 지배하죠. (…) 카르텔을 구성하는 엘리트는 주로 정치인, 고위 관료, 언론 소유주, 군부 지도자, 그리고 대기업가 등이에요. (…) 존스턴 교수는 한국을 대표적인 엘리트 카르텔 유형으로 분류했어요. 우리나라의 엘리트 카르텔을 유지·강화하는 기제는 다름 아닌 '청탁 문화'죠. 엘리트 사이의 상호 청탁이 금품 수수가 없다는 이유로, 또는 금품 수수라 하더라도 대가성이 없다는 이유로 처벌 대상에서 제외되어온 거죠.[9]

어떤 사회이든지 특정 연고에 의해 암묵적으로 묶인 비공식적 조직inner circles의 존재는 조직의 화합과 희소 자원의 배분에 걸림돌이 된다.

서울중앙지법은 2015년 8월부터 형사합의부 사건 담당 재판부와 연고 있는 변호사가 해당 사건을 수임할 경우 재판부를 바꾸는 정책을 시작했다. '진관예우' 관행을 차단하는 유례없는 정책이라고 환영받았다. 그보다 한 달 앞서 대법원은 형사성공보수 폐지를 선언하는 판례도 확립했다. 연고 사건 재배당 정책과 형사성공보수 폐지 조합이면 법조 비리는 사라질 것이라고 확신하는 사람이 많았다. (…) 왜 그물은 촘촘해지고 억세지는데 문제는 여전할까. 한국법경제학회 회장인 김○○ 명지대 경제학과 교수가 몇 해 전 자신의 페이스북에 올린 글에서 해법의 실마리를 봤다. "의뢰인의 요청으로 사법연수원 동기가 판사인 사건에 변호사가 됐을 때 전화를 거는 것은 변호사일까요, 아니면 판사일까요. 저는 지금까지 신문 보도 등에서 판사가 변호사를 찾아갔다거나, 전화를 했다는 글은 본 적이 없다." 변호사 공급이 늘면서 과열된 시장 상황이 변호사들로 하여금 연고주의가 통한다는 그릇된 신념을 부추기게 만든다는 뜻이다.[10]

지역갈등이 심했던 과거에는 직장 내에 지역에 기반을 둔 연고

주의가 많은 문제를 일으키기도 했다. 실제로 1988년 상공부 국회 지역감정해소 특별위원회에 제출된 자료에 따르면 53개 대기업 임원 790명 중 서울이 299명(37.8퍼센트)으로 가장 많았고, 영남은 경북 92명, 경남 122명, 부산 44명 등 265명으로 전체의 33.9퍼센트를 차지했다. 이에 비해 호남은 전북 22명, 전남 28명 등 50명으로 6.3퍼센트에 불과했고, 충청과 강원 역시 각각 77명과 29명에 그쳤다. 한편 창업주가 영남 출신인 회사는 영남지역 임원들이 압도적으로 많았고, 반대로 호남 출신인 회사는 호남 출신 임원이 대다수를 차지했다.[11] 실제로 한 대기업에서는 호남 지역 출신 사원이 영남지역 출신 임원의 권력남용으로 인해 좌천되고 업무성과도 저하되는 사례가 보도되었다. 그 반대 사례도 심심치 않게 목격된다.

근래에는 지역보다는 이념 차이에 의한 진영논리가 연고주의를 발생시키고 있다. 이념 차이에 따라 피아彼我가 구분되어 객관적일 처리 절차가 무시되고, 일탈적 행위가 조직에서 만연하고, 이것이 또 다른 갈등을 조장하는 악순환의 고리를 관찰할 수 있다. 세종대왕과 이순신 장군도 진영이 다르면 악당이 되는 것이다. 이런 연고주의는 우리 사회를 의도치 않게 불공정한 사회로 이끌어 구성원의 화합을 저해하고, 사회적 지위의 세습을 통해 희소 자원의 잘못된 배분을 초래하게 된다.

또한 연고주의는 소위 '집단사고groupthink'를 부추긴다. 연고주의로 똘똘 묶인 집단은 집단으로부터 개인의 이탈을 허용하지 않는다. 그래서 판단의 성급함, 미숙함, 그리고 착오를 불러오게 된다.

04

집단의 생각은 개인의 생각보다 우월할까: 집단사고의 함정

군자는 화합하지만 같지 않고, 소인은 같지만 화합하지 않는다.
(君子和而不同 小人同而不和군자화이부동 소인동이불화.)

－《논어論語》〈자로子路〉편

"집단의 생각은 개인의 생각보다 우월할까?" 이 질문에 대한 대답은 집단이 어떤 사람들로 구성되어 있느냐에 따라 달라진다. 만일 집단이 비슷한 성향, 비슷한 배경의 사람들로 이루어졌을 경우, 특히 그 집단이 동료 의식으로 똘똘 뭉쳤을 경우, 이로 인한 집단사고는 여러 가지 판단 착오를 가져올 수 있다. 남도 나와 같은 생각일 것이라는 동료 의식이 상승작용을 일으켜 경솔한 판단을 하게 되거나 자신들의 위치, 도덕성, 정당성 등을 과대평가하게 된다.

'집단사고'라는 말은 1972년 미국의 사회심리학자인 어빙 제니스Irving Janis가 처음 만든 것으로, 유사성과 응집력이 높은 집단의 의사결정 사고방식을 말한다. 비슷한 배경과 생각을 가진 사람들은 주어진 문제의 해결책에 대해 쉽게 동의하는 경향이 있어서 숨은 문제점을 들춰내기 어렵고, 대안도 제시하기 힘들며, 반대의견을 표출하는 것도 꺼려 쉽게 잘못된 결론에 도달하게 된다.

외부와 유리되어 새로운 정보를 받아들이기 어려운 집단일 경우, 집단사고의 위험은 더욱 거진다. '우물 안 개구리'라는 말이 있다. 자신들이 최고라고 믿고 있는 집단은 실제보다 자신들의 위상이나 힘을 과대평가해 심각한 실수를 저지르게 된다. 제2차 세계대전 당시 군국주의 일본이 진주만을 공격해 미국에 선전포고한 것도 일본 군부의 집단사고 때문이다. 동일한 인종, 같은 피부색을 보이는 집단은 자신들과 달라 보이는 사람들을 불신하거나 혐오하기도 한다. 자신과 달라 보이는 사람들을 이해하려고 하지 않을 뿐 아니라 자신의 집단이 인종적으로, 지적으로, 도덕적으로 그들보다 훨씬 우월하다는 믿음으로 집단 구성원들의 결속을 다진다. 생각과 모습의 다름을 차별하고, 죄악시한다. 미국의 백인우월주의, 호주의 백호주의, 러시아의 스킨헤드, 독일의 신나치주의, 일본의 극우단체 등도 집단사고의 예라고 볼 수 있다.

'집단사고의 함정'이란 집단 구성원들이 의견의 일치를 이뤄내야 한다는 부담과 압력으로 인해 건설적인 비판 없이 비합리적으로 의사결정을 내리는 현상을 말한다. 집단사고는 구성원들 간에

강한 동료 의식이 쌓여 있을수록 발생 가능성이 커진다. '우리가 남이가'라는 동지 의식은 전체로부터 개인의 이탈을 암묵적으로 허용하지 않는다. 권위주의적 리더가 존재할 때도 집단사고가 발생할 수 있다. 이미 리더의 생각대로 결론이 내려진 상태에서 요식행위처럼 치러지는 회의에서는 새로운 생각이 나올 수 없다. 시간 낭비일 뿐이다.

집단사고는 의사결정 사안의 중요도가 높고, 시간적 제약이 심할수록 발생할 가능성이 크다. 중요한 사안일수록 생각의 일사불란함과 신속한 의사결정이 해당 집단의 결속력을 재확인할 수 있는 좋은 계기가 된다. 짧은 시간에 만장일치로 내린 결정의 신성함은 마치 신神이 내린 결정과도 같은 느낌을 준다. 하지만 그저 실패의 시작일 뿐이다.

집단사고의 함정을 말할 때 흔히 예로 드는 것이 케네디 행정부의 피그만Bay of Pigs 침공 사례. 1959년, 부패한 바티스타 정권을 몰아낸 카스트로 혁명 세력은 사회주의 쿠바를 표방했다. 토지개혁과 국유화 등 일련의 사회주의 개혁 과정에서 70여만 명의 쿠바인이 미국으로 망명했다. 피그만 침공은 1961년 4월 16일 쿠바 혁명 정권의 카스트로가 사회주의 국가 선언을 하자 그다음 날인 4월 17일 미 중앙정보부CIA가 주축이 돼 그동안 준비해온 계획을 실행에 옮긴 사건이다. 쿠바의 사회주의 혁명 과정에서 망명한 쿠바인 1500여 명으로 아이젠하워 행정부 때부터 조직해온 특공대 '2506 여단'을 쿠바 남쪽의 늪지대인 피그만을 통해 쿠바로 침투시킨 것이다. 케네디 행정부의 판단은 이들이 상륙해서 민중을 선동하면 쿠바에선 반反카스트로 민중 봉기가 거세게 일어날 것이고, 그렇게 되면 카스트로 정권이 무너지는 것은 떼어 놓은 당상이라는 것이었다.

하지만 그들의 생각과는 달리 쿠바 민중은 전혀 동요하지 않았고, 이 특공대는 사흘 만에 완전히 궤멸하고 말았다. 200여 명이 죽고 나머지는 모두 생포됐다. 미국은 결국 카스트로에게 5300만 달러 상당의 식품과 의약품을 건네주고 겨우 포로들을 돌려받는 수모를 겪어야 했다. 이 사건으로 쿠바의 카스트로 정권과 미국 간의 대립이 본격화됐고, 이듬해인 1962년 쿠바는 소련의 핵미사일을 쿠바로 끌어들이고자 한 쿠바 미사일 사건을 촉발했다.

케네디 행정부는 미국 역사상 평균 아이큐가 가장 높은 집단이라는 평을 듣고 있다. 좋은 학벌과 배경을 가진 쟁쟁한 인재들이 장관이나 백악관 참모로 기용되어 대통령을 보좌했다. 하지만 이들은 모두 비슷한 정치적 성향을 갖고 있었을 뿐만 아니라 사적으로도 친한 친구 사이였다. 이들은 '카스트로 정권의 전복'이라는 공통된 하나의 목표에 집착했고, 침공 계획을 논의하는 회의에서도 이러한 일치된 목표에 반하는 의견은 절대 나오지 않았다. 집단사고의 함정에 빠진 것이다. 이 사건 이후 케네디는 중요한 사안에 대한 회의 방식을 바꾸어, 다른 의견도 기탄없이 제안하도록 권장했다. 이러한 조치 덕분에 1962년 쿠바 미사일 위기를 성공적으로 넘길 수 있었다. 실패로부터 배운 것이다.

집단사고의 함정에 빠지는 이유는 무엇일까? 개인이 집단의 일원이 되어 집단 의사결정에 참여하게 되면 아무래도 다른 사람들의 눈치가 보여 자기 목소리를 내기가 곤란하다. 특히 목소리 큰 몇 사람이 명분을 앞세워 극단적인 의견을 제시할 땐 더욱 그렇다. 극단적 시각을 가진 사람들은 자신들의 의견을 끝까지 고수하려 들고, 별생각 없이 회의에 참여한 사람들은 침묵으로 일관한다. 그렇게 입을 다물고 있으면 목소리 큰 사람의 의견에 동의하는 것이라고 사람들은 단정한다. 다른 생각이 있어도 혹시 집단의 화합을 깨뜨리는 사람으로 찍힐까 두려워 입을 다물게 된다. 좀 더 유연한 의견을 개진하면 나약하고 줏대 없는 사람으로 보일 것 같은 생각에 차라리 극단적 주류에 합류해버린다.

어느 사회에서나 집단사고의 함정은 늘 있어 왔고 수많은 실패를 낳았다. 강성이어야 노조같아 보이고, 합리적 의견을 개진하는 구성원은 이도 저도 아닌 기회주의자로 낙인찍히는 것도 집단사고의 폐해다. 새로운 정권이 들어서면 '고소영(고려대·소망교회·영남) 내각', '강부자(강남 땅 부자) 정권', '성시경(성균관대·고시·경기고) 내각' 같은 닉네임이 따라붙는다. 연예인의 이름이 아니라 출신학교, 지역 등 특정 집단의 앞뒤 글자를 따서 만든 말들이다. 하지만 한 나라의 안위와 살림을 책임지는 정권이나 내각은 동호회와는 달라야 한다. 동호회는 같은 취미를 가진 사람의 친목 모임이다. 동호회가 재미있으려면 코드가 맞아야 한다. 그러나 국가 대사를 좌우하는 정권에 코드가 맞는 사람들만 모이게 되면 그건 문제다. 국가의 일은 재미로 하는 것이 아니기 때문이다.

당쟁의 폐단을 뼈저리게 겪은 영조. 즉위하자 탕평 교서를 내렸다. (…) 영조를 이은 성소는 '탕탕평평실'이라 할 정도로 탕평정신을 소중히 여겼다. 탕평은 통합의 출발이다. 듣고 싶은 얘기만 듣고, 같은 얘기만 하는 사람이 모이면 '집단사고의 함정'에 빠진다. 국가권력도 그렇고, 지역권력도 그렇다. 그러나 아첨꾼의 끊임없는 유혹과 소통 과정의 불편, 측근에 대한 온정주의가 탕평의 발목을 잡는다. 영·정조 때도 파당으로 득 보려는 이들의 시도는 끊이지 않았다. 두 임금은 파쟁의 극단에 있는 자들은 가차 없이 내쳤다. 탕평과 사회통합은 유혹을 이기고자 하는 지도자의 굳건한 신념과 불굴의 의지 없인 불가능하다.[12]

집단사고의 함정에서 빠져나오기 위해서는 리더의 역할이 매우 중요하다. 집단을 이끄는 리더는 첫째, 어떠한 회의든 초기에 의견의 불일치를 조장하는 것이 좋다. 이를 위해 집단의 각 구성원에게 주류 의견에 편승하지 않고 비판자 역할을 하도록 고무할 필요가 있다. 이는 구성원들이 남 눈치 보지 않고 자유로이 반대의견과 대안을 제시할 수 있게 도와준다. 공개적으로 자기 의견을 내놓는 것을 꺼리는 경우, 익명의 건의함이나 리더에게 직접 의견을 전달할 수 있는 의사소통 채널을 설치할 필요가 있다.

둘째, 리더는 처음부터 자신이 선호하거나 기대하는 것을 구성원들에게 말해서는 안 된다. 리더가 카리스마가 있거나 권위주의적일 경우 더욱 그렇다. 많은 구성원이 자신의 의견이 리더의 그것과 다를 경우 자신의 의견이 더 좋은 것이라 할지라도 내놓기를 꺼리는 경향이 있다. 리더의 의견을 따르는 것이 충성스러운 구성원이라는 오해는 리더의 생각대로 쉽게 결말을 내게 할 수 있다. 회식 자리에서 직원들에게 마음대로 먹으라고 해놓고, 사장이 먼저 "나는 자장면!"이라고 하면 모두가 자장면을 시킬 수밖에 없는 것과 마찬가지다.

셋째, 리더라면 시간을 가지고 반대편의 의견이나 대안들의 가치를 객관적으로 파악하는 방법을 모색하고, 이를 통해 의사결정에 도움이 될 만한 유용한 정보를 수집해야 한다. 여기서 유용한 정보란 지금의 내 생각과 다른 정보를 말한다. 나의 믿음에 반하는, 그래서 나의 현재 생각을 교정해줄 수 있는 정보가 유용한 정보임을 명심해야 한다. 월스트리트의 요다Yoda*라는 별명을 가진 투자 귀재 피터 번스타인Peter Bernstein이 우리나라의 한 일간지와 인터뷰를 가진 적이 있었다.[13] 기자가 번스타인에게 어떤 사람을 좋아하냐는 질문을 하자 그는 이렇게 답했다. "나는 내 의견에 동의하지 않는 사람을 좋아해요. 내 의견에 동조하는 글을 읽거나 그런 사람을 만나는 것은 기분은 좋죠. 하지만 그건 시간 낭비입니다." 그가 세계적인 투자 귀재가 된 이유이다.

넷째, 집단 구성원 중 줏대가 뚜렷하고 지적 능력이 있는 구성원을 '악마의 변호인devil's advocate'으로 지명해 집단의 고정된 생각과 기존의 가정에 도전하고 반대의견을 개진할 수 있게 하는 것도 집단사고의 함정에서 벗어날 수 있는 방법이다. 아울러 집단 구성원들 각자는 주기적으로 집단의 생각을 외부의 믿을 만한 사람들과 논의하고, 외부인의 생각을 그룹에 전달할 수 있어야 한다. 때로는 외부 전문가를 회의에 초청해 집단 구성원의 의견에 비판적인 시각을 보일 수 있도록 하는 것도 필요하다. 우물 안 개구리에서 벗어나 틀에 박히지 않은 아이디어를 얻기 위함이다.

부장검사로 부部를 운영하면서 부원 중 한 명을 반대를 위한 반대자(악마의 변호인)로 지정했다. 부원 중에서 경력이 가장 오래된 검사에게 모든 사안에 대해 무조건 반대하는 역할을 맡겼다. 다른 검사들이 수사한 결과를 두고 토론할 때 다른 검사들과는 다른 의견을 내라고 주문했고, 그것을 뒷받침할 논리를 개발해오라고

---

* 영화 〈스타워즈Star Wars〉에 나오는 지혜와 힘으로 존경받는 캐릭터로, 800년 동안 제다이들을 수련시킨 제다이 기사단의 그랜드 마스터이다.

했다. 그러면 나머지 검사들은 그 반대 논리에 대해 토론을 했다. 한번은 어느 공직자의 뇌물 사건을 수사하게 되었다. 수사가 막바지에 이르러 결론을 내야 할 시점이 되었다. 모든 검사가 혐의가 인정되고 증거도 충분하다며 일치된 의견을 내놨다. 이때 악마의 변호인을 맡은 검사에게 혐의가 인정되지 않는 이유, 기소하면 안 되는 이유 등을 생각해 오라고 했다. 혐의가 인정된다고 생각해서 기소하더라도 막상 법정에 가보면 재판 도중에 예상치도 못한 주장과 증거가 제출될 가능성이 많기 때문이다. 결과는 대단히 성공적이었다. 기본적으로 처음에 내렸던 결론이 바뀌는 경우는 많지 않았다. 하지만 그래도 결론에 이르는 과정이 더욱 탄탄해졌다. 누가 뭐라고 비판해도 흔들리지 않을 정도로 세심하게 수사 과정을 챙기고, 증거도 풍성해졌다.[14]

브래드 피트 주연의 영화 〈월드워Z〉를 보면 소위 '열 번째 사람 the tenth man'이 나온다. 아홉 명이 같은 정보를 접하고, 똑같은 결론을 내린다고 하더라도 이 열 번째 사람의 임무는 그 결론에 동의하지 않는 것이다. 그는 다른 아홉 사람 모두의 생각이 아무리 그럴듯해도 그들의 가정 자체에 의문을 제기하고, 문제를 백지에서 다시금 생각하는 사람이다.

기업에서도 소위 '레드팀Red Team'이라는 악마의 변호인 제도를 도입해 효과를 보고 있다. 레드팀은 미 육군에서 아군인 블루팀의 승리를 돕기 위해 운용된 가상의 적군으로, 기존의 가설과 믿음에 도전하고, 블루팀이 생각하지 못하는 약점과 허점을 적의 관점에서 파고들어 아군의 전략을 더욱 완벽하게 만들어내는 임무를 수행한다.[15]

예를 들어, 인텔Intel의 창업자이자 인텔을 세계적인 마이크로프로세서 회사로 키운 앤디 그로브Andy Grove는 독특한 회의문화를 가신 것으로 알려져 있다. 어떤 중요한 회의가 일방적으로 순조롭게 결론이 날 기미가 사전에 보이면 일부러 '싸움닭'을 그 회의에 투입한다. 싸움닭이란 논쟁을 좋아하고, 해당 주제에 대해 반대의견을 가진 직원을 말하는데, 이렇게 싸움닭을 투입함으로써 별문제 없이 한 방향으로 조용히 끝날 회의가 논쟁의 장으로 변하게 된다. 일부러라도 논쟁을 조장함으로써 숨겨진 아이디어를 찾기 위함이다.

미국의 금융회사인 시트린그룹The Citrin Group LLC의 CEO 조너선 시트린Jonathan Citrin도 모든 회의에서 직원 한 명을 지명해 '블로커Blocker' 역할을 하도록 했다. "블로커의 임무는 모든 사안에 반대의견을 내는 것입니다. 블로커의 도입으로 우리는 당면한 이슈들에 대해 보다 심도 있는 논쟁과 심사숙고를 할 수 있게 되었지요. 가장 좋은 점은 블로커의 도입으로 모든 구성원이 상사의 의견을 맹목적으로 따라야 한다는 기존의 믿음을 없애게 된 것입니다."[16] 시트린이 말하는 블로커의 긍정적 효과다.

05

내 마음속의 색안경:
대표성 휴리스틱

모든 사람은 자기 경험의 포로이다. 편견을 버릴 수 있는 사람은 아무도 없다. 그저 편견의 존재를 인정할 뿐이다.

– 에드워드 머로Edward R. Murrow, 미국의 언론인

우리 마음속에는 어떤 집단을 나름대로 특징지으려는 고정관념 stereotype이 있다. 고정관념으로 인해 때로는 별생각 없이 특정 집단을 우수하게 생각하거나 우호적으로 평가하기도 하고, 반대로 열등하게 보거나 부정적으로 폄하하기도 한다.

첫 번째 손님으로 도착한 나는 가장자리가 벤치로 빙 둘러쳐진 아담한 유람선에 자리를 잡았다. (…) 그때 첫인상은 별로 나빠 보이지 않고, 차림새로 봐서는 딱 고등학교 물리 선생처럼 생긴 노신사가 나를 쳐다보면서 다가왔다. 그러고는 "맥주 두 잔 주세요"라고

말했다. 내가 아무런 반응을 하지 않자 그는 "맥주 두 잔 달라니까요"라고 반복했다. 그는 도대체 무슨 생각으로 내게 맥주를 주문한 것일까? 나는 웨이터 차림도 아니었고 맥주병을 들고 있지도, 또 맥주잔이나 행주도 들고 있지 않았다. 게다가 서 있지도 않았고 그와 똑같이 좌석에 앉아 있었는데 말이다.[17]

독일의 '암행 기자'인 귄터 발라프Günter Wallraff는 손님으로 곤돌라를 탔다가 웨이터로 오해받았다. 그가 흑인 분장을 하고 있었기 때문이다. 발라프는 일 년간 흑인으로 살아가면서 온몸으로 인종차별을 겪으며 갖은 고생을 했다. 전통적으로 백인 위주의 유럽 사회에서 검은색 피부는 의식적·무의식적으로 열등, 모자람, 하층민이라는 선입관과 고정관념으로 이어진다.

우리나라에서도 같은 사람이 노숙자 복장과 장군 복장을 하고 시민들의 반응을 살피는 실험이 TV 프로그램에서 방영된 적 있었다.[18] 장군 복장을 한 채 길에 쓰러져 있을 때는 길을 지나던 시민들이 119에 신고해 구급차가 출동하기까지 걸린 시간이 1분이었다. 하지만 같은 장소, 같은 시간대에 노숙자 차림으로 쓰러져 있을 때는 10여 분이 걸렸다. 장군 복장을 한 사람에게는 시민들이 우호적이었지만, 노숙자 복장을 한 동일인에게 보내는 시민들의 눈길은 싸늘했다. 이 또한 겉모습에 의한 고정관념이 어떠한 사회적 차별을 가져오는지를 보여주는 예다.

대표성 휴리스틱에 의한 성급한 판단 착오

경험을 통해 습득하게 된 판단규칙을 경험칙rule of thumb(엄지의 법칙)이라고 한다. 오랜 경험을 통해 '이런 문제는 이렇게 하면 풀리더라' 하는 경험을 통한 판단 방법이다. 옛날 유럽의 맥주 장인들이 맥주의 발효 온도를 잴 때 온도계 대신 엄지손가락을 사용한 데서 유래한 용어이다. 옛날 목수들이 목재의 길이를 잴 때 자 대신 엄지손가락을 이용했다는 말도 있다. 자기 발견적 판단방법, 단순화 전략simplifying strategy, 신속 추론법decision making shortcuts이라고도 한다. 학자들은 이러한 경험칙을 '휴리스틱heuristics'이라는 전문 용어로 표현한다. 휴리스틱은 복잡한 문제를 단순화하여 인간의 정신적 부담을 덜어주고, 신속한 판단을 유도할 수 있다는 장점이 있지만 잘못 사용하게 되면 큰 판단 착오를 일으키는 원인이 된다. 문제에 따라 사용하는 휴리스틱의 종류는 다양한데, 그중 가장 기본적이고도 중요한 휴리스틱이 '대표성representativeness'이다.

대표성이란 개인적 경험에 근거한 어떤 집단의 이미지나 고정관념이 그 집단 전체를 대표하는 전형적 특징이라고 보고, 어떤 대상이 그 집단에 속할 가능성을 판단할 때 사용되는 휴리스틱이다. 즉 어떤 대상이 가진 정보를 그 집단의 전형적 특징과 비교해 그 둘이 얼마나 유사한지를 평가하고, 둘 사이에 유사성이 많다고 인식되면 그 대상이 그 집단에 속할 가능성을 크게 평가하는 것이다. 관련성이 없거나 불충분한 정보라 하더라도 그러한 정보에 비중을 두고 판단함으로써 객관적인 사전확률base rate을 무시하는 오류를 범할 수 있다. 다음 질문에 답해보자.

지난 학기에 필자의 강의를 수강한 MBA 과정 학생 중에서 가장 우수한 학생은 시를 쓰는 취미를 가지고 있다. 성격은 조금 소극적이며, 체구는 자그마하다. 이 학생의 학부 전공은 무엇일까?
① 중문학 ② 전자공학

이 질문에 대해 혹시 중문학이라고 답했는가? 그렇다면 자신도 모르게 대표성 휴리스틱을 사용해 이 학생의 전공을 추정했을 것이다. 중문학을 답으로 택했다면 위 문제에 기술된 학생의 취미, 성격, 체구에 영향을 받지는 않았는가? 시를 쓰는 취미, 소극적인 성격, 자그마한 체구가 문학도의 전형적 특징이라고 생각한 것은 아닌가? 혹시 그렇다면 그러한 고정관념은 어떻게 해서 생긴 것인가? 만일 질문이 다음과 같이 제시되었다 해도 같은 대답을 했을지 스스로에게 물어보자.

지난 학기에 필자의 강의를 수강한 MBA 과정 학생 중에서 가장 우수한 학생의 학부 전공은 무엇일까?

① 중문학 ② 전자공학

사실 첫 번째 질문에 기술된 학생의 취미, 성격, 체구는 학부 전공과는 아무런 관련성이 없는 정보다. 외과 의사 모두가 술을 잘 먹고, 모든 변호사가 말을 잘하는 건 아니다. 그럼에도 선입관이나 고정관념에 의해 그러한 취미, 성격, 체구의 사람은 공학도이기보다는 문학도일 가능성이 크다고 판단한 것이다. 객관적으로 타당한 대답은 전자공학이다. 왜 그럴까? 일반적으로 중문학과 정원보다는 전자공학과 정원이 더 많다. 따라서 이 상대적 정원 비율에 따르면 이 학생의 학부 전공은 중문학보다는 전자공학일 가능성이 더 크다. 여기서 학부 전공의 정원 비율이 바로 사전확률의 역할을 한다.

한때 아침형 인간이 유행이었다. 일찍 자고 일찍 일어나는 아침형 인간은 부지런하고 성공한 사람인가? 아침형 인간이 되기 위해 수십 년간 유지해온 자신의 생활 패턴을 바꾸려다 병원 신세까지 지는 일도 생겼다. 밤에 늦게 자고 아침에 늦게 일어나는 올빼미형 인간이 게으르고, 성공하지 못하는 것도 아니다. 사실 창조적인 일에는 올빼미형 인간이 더 적합하다는 주장도 있다.

어느 상점 유리문에 '개 조심'이라는 표지가 붙어 있다. 여러분은 어떤 생각이 드는가? 대다수 사람이 상점 안에는 사나운 개가 있을 것이라고 믿는다. 정작 상점 문을 열고 들어가 보니 주인장이 앉아 있는 계산대 옆에 힘없어 보이는 늙은 개 한 마리가 졸고 있다. 전혀 위협이 될 것 같지 않은 개 한 마리가 말이다. 주인에게 물어보았다. "저 개는 전혀 위험할 것 같지 않은데 왜 문 앞에 '개 조심'이라고 붙여 놓았나요?" 주인장은 무심하게 대답한다. "그 표지를 붙이기 전까지는 손님들이 계속 저 개에 걸려 넘어졌거든요." 고정관념은 종종 잘못된 판단을 낳는다.

'사기꾼' 하면 어떤 생김새가 떠오르는가? 사람마다 머릿속에 그리는 사기꾼의 형상과 이미지가 있다. 우리 모두 사기꾼이 어떤 모습을 하고 있는지 안다는 것이다. 그런데 지금, 이 순간에도 사기를 당하는 사람은 무수히 많다. 사기꾼이 어떻게 생겼는지 아는데 왜 사기를 당하는 사람이 생기는 걸까? 어처구니없이 사기를 당한 사람들은 흔히 이렇게 말한다. "그 친구는 전혀 그럴 사람 같지 않았는데. 누구를 등칠 것같이 생기진 않았다고." 노련한 사기꾼은 당신이 나름대로 가지고 있는 사기꾼의 전형적인 모습과는 정반대의 모습으로 당신에게 다가온다.

대표성 휴리스틱의 함정에 빠지는 건 전문가들도 마찬가지다. 프랑스 보르도대학 포도주양조학과의 프레데릭 브로셰Frédéric Brochet는 와인 전문가들을 초청해 화이트와인과 레드와인을 시음하게 한 후 그 맛을 평가하게 했다.[19] 전문가들 대부분은 화이트와인과 레드와인 각각에 대해 흔히 알려져 있는 전형적 특징들을 기술했다. 그런데 사실 그 전문가들이 시음한 레드와인은 화이트와인에 맛과 향이 없는 붉은색 식용색소를 탄, 무늬만 레드인 화이트와인이었다. 그럼에도 그들은 붉은 색깔이 갖는 이미지에 현혹되어 자신이 마신 붉은색의 화이트와인을 레드와인으로 착각해 화이트와인이 아닌 레드와인의 전형적 특징을 기술하는 우를 범하고 말았다.

대표성은 우리의 고정관념과 선입관을 이용해 사물을 신속히 전형화하는 경험칙이다. 고정관념과 선입관은 보통 선택적 지각 selective perception*으로 습득한 편향된 지식과 한정된 경험에 의해 머릿속에 그 이미지가 굳어진 것들이 대부분이다.

대표성 휴리스틱은 우리 사회에 많은 문제를 일으키기도 한다. 지역차별, 남녀차별, 학력차별 등이 대표성으로 인해 발생한 폐해라고 할 수 있다. 가령 어떤 회사에서 영업과장 자리가 하나 비었다고 치자. 경력이나 능력으로 보면 당연히 A라는 여성 대리가 그 자리로 가야 하는 상황이다. 그런데 이에 대해 많은 사람이 '여자가 그 직무를 감당할 수 있을까?' 하고 의구심을 보인다. 그들의

---

* 정보를 종합적으로 지각하지 못하고 자신의 입맛에 맞는 정보만 선택적으로 받아들이는 인간 두뇌의 한계를 말한다. 정보의 홍수 속에 인간은 선택적으로 정보를 받아들일 수밖에 없는데, 이때 자신이 가진 선입견 또는 기대감이 개입되어 문제해결을 위한 정보 수집에 큰 영향을 미치게 된다. '사람은 자신이 보고 싶은 것만 보고, 듣고 싶은 것만 듣는다People see what they want to see, and hear what they want to hear'라는 말로 대변되는 정보 지각의 한계이다.

머릿속에는 여성이 해야 하는 일과 영업과장의 업무가 서로 연결되지 않기 때문에 여성은 영업과장이라는 자리에 적절하지 않다는 판단을 내린 것이다. 하지만 이러한 그들의 선입관과는 달리 그 여성 대리는 누구보다도 영업과장이라는 직책을 잘 수행할 수 있다.

최근 들어 입사지원서에 최종 학력이나 출신 대학을 기재하지 않도록 하는 기업이 점점 늘고 있다. 대표싱 휴리스딕이 가져올 수 있는 선입관에 의한 판단 착오를 방지하기 위함일 것이다.

대표성 휴리스틱에 휘둘리지 않기 위해서는 객관적 사전확률을 중시하고, 정보의 폭을 넓힐 필요가 있다. '그럴 게 뻔해', '그러면 그렇지'라고 자신이 지금까지 당연시해왔던 것에 도전해보는 것도 중요하다. 고정관념에서 벗어나면 모든 것이 새롭게 보인다.

06

결정적 순간에 드러나는 나의 숨겨진 마음: 내재적 태도

과학은 비교적 누구에게나 열려 있다. 유명한 과학자 중 상당수는 곤경을 이겨내고 성공한 경우가 많다. 하지만 과학은 여전히 수백만의 재능 있는 인재들을 단지 그들이 처한 상황 때문에 잃고 있다. 이제 많은 연구자는 과학계에 어떻게 젠더와 인종적 다양성을 증가시킬 수 있는지 고민하고 있다.

─〈네이처〉지, '과학과 불평등'

종교 편향이 없다고 말하면서도 자신도 모르게 특정 종교에 대해 반감을 드러내는 사람이 있는가 하면, 겉으로는 인종이나 특정 연령대의 성gender에 대한 차별에 반대하는 말과 행동을 하지만 속으로는 특정 인종이나 '이대남(20대 남성)', '이대녀(20대 여성)' 같은 특정 연령대의 성에 대해 혐오감을 가진 사람이 있다.

실로 많은 사람이 겉으로 주장하는 바와 상반되는 태도를 마음속에 감춰둔 채 살아간다. 겉과 속이 다른 게 아니라 자신도 의식하지 못하는 특정 집단에 대한 내재적 태도implicit attitudes가 마음 깊숙한 곳에 숨어 있는 것이다. 인종, 성별, 종교, 피부색, 나이

등에 대한 내재적 태도는 결정적 순간에 특정 집단을 평가하는
데 객관성을 떨어뜨리고 잘못된 영향을 끼칠 수 있다.

내재적 태도는 대부분 과거의 특정 경험이나 기억, 다른 사람에
게 전해 들은 이야기, 그리고 그로 인해 생긴 고정관념이 마음속
깊은 곳에 자리 잡아 체화된 것이다. 자기도 인지하지 못하는 대
표성의 체화 현상이다.

제니퍼 에버하트Jennifer Eberhardt와 동료들은 사람들이 흑인
과 폭력을 연결 지어 생각하는 내재적 태도에 관한 연구를 수행
했다.[20] 연구진은 실험 참가자들에게 처음에는 희미하게 보이지
만 점점 뚜렷해지는 그림 동영상을 보여주고 무슨 그림인지 맞히
게 했다. 실험 결과, 흑인 사진이 들어간 범죄 관련 물건 영상에서
는 실험 참가자들이 빠르게 그게 무슨 물건인지 알아냈다. 하지
만 같은 범죄 관련 물건 영상에 백인 얼굴을 끼워 넣었을 때는 그
게 무슨 물건인지 뒤늦게 알아차렸다. 연구진은 일련의 실험을 통
해, 특정 집단에 대한 편견이 부지불식간에 작용한다고 결론지었
다. 이 연구는 심각한 현실 문제로 연결된다. 가장 대표적인 경우
가 미국에서 비일비재하게 벌어지는 흑인에 대한 경찰의 오발 사
건이다. 흑인이 주머니에서 무언가를 꺼내는 행동을 총을 꺼내는
행동으로 (너무 쉽게) 오인한 경찰들이 반사적으로 사격을 하기 때
문이다. 경찰이 백인이든 흑인이든 다른 인종이든 상관없이 발생
하는 일이다.

이 연구와 유사한 사건이 실제로 발생했다. 2020년 5월 25일 뉴욕 센트럴파크 램블Ramble 구역에서 반려견과 산책 중이던 백인 여성이 경찰에 아프리카계 미국인이 자신과 반려견을 위협한다고 신고했다. 하지만 전후 상황을 보니 오히려 신고한 백인 여성의 잘못임이 드러났다. 센트럴파크 램블 구역은 각종 새들의 서식지라 반려견에 목줄을 채워서 다녀야 한다는 규정이 있었다. 그런데 그 여성은 반려견에 목줄을 채우지 않은 채 산책 중이었고, 이를 본 흑인 남성이 목줄을 채우라고 정중히 요청했지만 여성은 이를 거부했다. 이에 남성이 규정 위반 상황을 휴대폰으로 촬영하자 여성이 경찰에 흑인 남자가 자신의 생명을 위협한다고 허위 신고를 한 것이다. 경찰에 신고하면서 이 백인 여성의 입에서는 '아프리카계 미국인'이라는 말이 반복되었다. '흑인'이라는 상대방의 인종적 특징을 뽑아내 이를 반복해서 강조한 것이다.[21]

이 사건은 해당 동영상이 트위터에 업로드된 이후 3000만 회 이상 조회되며 대중의 분노를 샀다. 마침 이날은 흑인 남성 조지 플로이드George Floyd가 백인 경찰에게 목이 눌려 숨진 날이었다. 인종차별로 비난을 받고 신상이 공개된 이 여성은 그다음 날 자신이 근무하던 글로벌 투자회사인 프랭클린 템플턴Franklin Templeton에서 해고되었다. 사건이 있고 이틀 후 미국의 〈인디펜던트The Independent〉지는 에이미 쿠퍼Amy Cooper라는 이 백인 여성의 정치 후원금 내역을 보도했는데, 이에 따르면 그녀는 버락 오바마Barack Obama, 피트 부티지지Pete Buttigieg, 존 케리John Kerry와 같은 차별에 반대하는 미국 민주당 정치인에게 자주 후원을 해온 자유주의자liberal인 것으로 알려졌다.[22] 물론 정치 후원금 내역이 그 사람의 모든 것을 이야기해주지는 않는다. 에이미 쿠퍼도 자신이 보여준 모습처럼 대놓고 인종을 차별하는 사람은 아닐지 모른다. 하지만 적어도 이 사건은 특정 집단에 대한 내재적 태도가 결정적 순간에 자신도 모르게 표출되이 자신이 겉으로 표방하는 것과는 다른 결과를 내놓을 수 있음을 보여준다.

성性에 대한 사람들의 암묵적이고 내재적인 태도는 또 다른 부작용을 낳기도 한다. 성에 따른 차별적 지위를 대놓고 인정하는 사람은 거의 없다. 하지만 성에 대한 사람들의 내재적 태도는 직업 선택에 있어 부작용을 낳고 있다. 안드레이 심피안Andrei Cimpian과 동료들은 국제적 비교 연구에서 75퍼센트의 실험 참가자가 여성보다 남성이 똑똑하다는 인식을 보인다고 보고했다.[23] 연구진은 심리학 분야에서 오랫동안 사용해온 내재적 연관 검사IAT: Implicit Association Test[24]를 이용했는데, 이 검사는 사람들에게 그림이나 문구를 주고 그것들을 키보드를 이용해 최대한 빠르게 분류하도록 한 후, 그 속도를 측정해 사람들이 한 개념과 다른 개념을 무의식적으로 연관시키는지를 평가하는 방법이다. 세계 78개국 남녀를 대상으로 광범위하게 수행된 이 실험 결과에 따르면, 사람들은 무의식중에 여성보다 남성을 똑똑함과 더 많이 연결지었다. 또한 여성은 집과, 남성은 직장과 연결시키는 편견도 무의식적으로 작동했다.

이러한 연구 결과는 고도의 지적 능력이 요구되는 STEMScience, Technology, Engineering, Mathematics 분야에 왜 여성이 남성보다 고용 빈도가 더 낮은지를 알려주고 있다. 결국 이런 분야에 어울리는 지적 능력은 여성보다 남성이 더 많이 갖고 있다는, 사람들의 인식 속에 알게 모르게 숨어 있는 편견 때문인 것이다. 아울러, 여성이 수학보다는 언어를 선호한다는 암묵적 편견과 이의 내면화는 여아女兒들의 수학 분야 학업성취도에도 영향을 주었고, 따라서 여성들의 STEM 분야로의 진출에 부정적인 영향을 미쳤다고 볼 수 있다.[25]

우리나라에서도 IAT를 이용한 지방색에 관한 연구가 수행되었다.[26] 호남과 영남지역에 대한 사람들의 편견을 알아보았는데, 연구 결과, 영남 출신 피실험자들은 경상도 사투리 음성과 긍정적 단어를 함께 분류할 때 빠른 속도를 보였고, 호남 출신 피실험자들은 전라도 사투리와 긍정적 단어를 연관 지을 때 반응속도가 빨랐다. 지방색을 공개적으로 드러내는 사람은 없지만 그래도 내면적으로는 자신의 출신 지역에 호감을 느낀다는 말이다.

다수 인종이 공존하는 사회에서 인종차별은 심각한 사회 문제이다. 하지만 대놓고 인종차별을 옹호하는 사람은 거의 없다. 그런데도 지속적으로 인종과 관련한 문제가 발생하는 이유는 사람들

마음속에 내재된 다른 인종이나 다른 성에 대한 태도 때문이다. 내재적 태도는 직업이나 교육 수준과 상관없이 발생한다. 오히려 교육 수준이 높을수록 특정 집단에 대한 암묵적 태도는 더 깊게 자리할 수 있다.

이와 관련하여 캐서린 밀크만Katherine Milkman과 동료들이 수행한 대학 교수를 대상으로 한 실험 결과를 살펴보자.[27] 6548명의 교수들에게 가싱의 박사과정 학생의 이름으로 1주일 후 연구를 위해 방문하고 싶다는 이메일을 보냈다. 이때 이메일 내용은 똑같이 했고, 다만 이름을 통해 성별 및 인종(백인, 흑인, 히스패닉, 인도인, 중국인)을 추측할 수 있도록 하였다. 연구 결과, 훨씬 많은 교수가 여성, 흑인, 히스패닉, 인도인, 중국인 학생보다 백인 남성 학생에게 더 빨리 우호적인 회신을 보냈다는 사실이 드러났다. 이 연구의 실험 대상이었던 교수들은 미국 상위 260개 대학의 교수들로서 비교적 높은 연봉을 받는 저명한 학자들이었다. 즉 사회적 지위가 높고 성차별적, 인종차별적 모습을 대놓고 드러내지 않는 사람들이 무의식적으로 이러한 선호도를 보인 것이다.

DNA의 이중나선 구조를 발견한 공로로 1962년 노벨생리의학상을 받은 제임스 왓슨James Watson은 인종차별주의자로 알려져 있다. 2007년 영국 〈타임스The Times〉지와의 인터뷰에서 그는 "흑인들이 백인과 같은 지적 능력을 갖췄다는 전제하에 이루어지고 있는 서방 국가들의 아프리카 정책들은 잘못됐다"며 "인종 간 지능의 우열을 가리는 유전자가 앞으로 10년 안에 발견될 수 있을 것"이라고 말해 파문을 일으켰다.[28] 인류를 위해 많은 업적을 이룬 지성인의 마음속에도 흑인의 지적 능력은 백인보다 떨어진다는 강한 믿음이 자리 잡고 있었다.

하지만 성에 대한 고정관념은 세월이 지남에 따라 변화를 보이고 있다. 미국과 스위스의 연구진이 공동으로 1946년부터 2018년까지 73년 동안 미국의 16개 기관에서 수행한 성에 관한 대중의 고정관념에 관한 여론조사 결과를 놓고 메타 분석한 결과는 이러한 트렌드를 보여주고 있다.[29] 분석 결과를 보면 70여 년의 세월 동안 여성의 역할에 많은 변화가 있었음을 알 수 있다. 이 기간에 공감 능력communion에 대한 여성의 상대적인 우위는 계속 증가했지만, 남성이 상대적 우위를 보였던 용기, 야심, 활동성 등 적극성agency에 대한 인식은 70여 년 동안 큰 변화 없이 정체를 보였다. 특기할 사항은 지적 능력과 창의성competence에 있어 남녀 간 차이가 없다는 인식이 시간이 지남에 따라 지속적으로 증가한 것이다. 특히, 양성 간에 지적 능력과 창의성에 차이가 있다고 여기는 사람 중 오히려 더 많은 사람이 여성이 남성보다 우월하다고 답했다. 즉 지적 능력과 창의성에 있어 지난 70여 년간 커다란 인식의 변화가 진행된 것이다.

이 연구는 남성이 여성보다 지적 능력이 뛰어나다는 대중의 고정관념이 깨지고 있음을 보여줌과 동시에, 남성 우위의 특성보다는 지적 능력과 공감 능력, 소통 능력 등을 강조하는 노동 시장의 추세를 감안할 때 앞으로는 여성의 취업 및 승진 가능성이 더 커지리라는 것을 예측하고 있다.

인간의 내재적 태도는 '겉과 속이 다른 것'과는 차원이 다르다. 부지불식간에 특정 집단에 대한 숨겨진 감정이 결정적인 순간에 표출되기 때문이다. 그래서 내재적 태도로 인한 판단 착오를 바로잡기란 쉽지 않다. 그렇기 때문에 일상생활에서 자신이 사용하는 차별적 단어를 인지하고 수정하려는 노력, 상대방을 집단의 일원이 아닌 독립된 개인으로 바라보려는 노력, 그리고 자신이 갖고 있을지도 모르는 특정 집단에 대한 편견을 반증하고자 하는 노력이 더욱 필요하다. 예를 들어 반대 고려하기consider-the-opposite* 전략을 주기적으로 활용하고, 나의 편견을 교정할 수 있는 정보를 다양한 정보원으로부터 의식적으로라도 수집하는 활동을 통해 나도 모르는 나의 내재적 태도가 가져올 수 있는 오류의 빈도와 크기를 줄여나가야 한다.

---

* 현재 내가 가진 생각이 잘못되었거나 내 믿음과는 정반대의 상황이 발생한다면 과연 어떤 결과가 나올 것인지를 스스로 생각해 봄으로써 자신의 현재 믿음을 교정할 수 있는 기회를 얻게 하는 방법이다.

공익과 사익 사이에서: 이해의 충돌 문제

국회의원의 공정한 직무수행에 대한 국민의 신뢰 확보는 우리 정치의 오랜 숙원이자 가히 돈으로 환산할 수 없는 가치를 지니는 점 등을 고려해 볼 때, 이 사건 법률조항으로 인한 사익의 침해가 그로 인해 확보되는 공익보다 반드시 크다고 볼 수 없다.

– 헌법재판소의 '주식백지신탁제도 규정'에 대한 위헌제청 심판 결정문 중(2012)

의사라면 의술로 환자를 정확히 진단해 적절한 처방을 해야 한다. 그런데 병증이 가벼워 하루나 이틀분의 약만 먹으면 더 이상 병원에 오지 않아도 되는 상태의 환자에게 매일 병원에 오라고 하는 의사들이 간혹 있다. 장삿속 때문인데, 의사 개인의 이득personal benefit이 사회적 선social good을 넘어선 것이라고 볼 수 있다.

어떠한 유혹이나 인센티브로 인해 자신이 마땅히 해야 하는 것과는 다르게 판단하고 행동할 때 '이해의 충돌conflict of interests'이 일어난다. 이해의 충돌이란 개인적 이득과 사회적 선, 즉 사익과 공익의 충돌을 말한다. 그리고 이것은 동기적 판단 착오, 즉 잘못된 것을 알면서도 고의로 잘못된 판단을 하도록 유도한다. 한마디로 사람들은 인센티브 때문에 자신이 따르는 가치관과는 다른 판단을 내리곤 한다.

기자들이 특종을 위해 무리한 취재를 할 때 쓰는 명분이 '국민의 알 권리'이다. 2005년 MBC 〈PD수첩〉에 의해 촉발된 황우석전 서울대 교수 논문 조작 사건도 여기에 해당한다. 세계적인 연구자로 촉망받았지만, 연구 성과와 연구비의 유혹에서 벗어나지못한 황우석 전 교수, 연구 결과에 의문을 품고 국민의 알 권리를충족시키겠다는 명분은 있었지만, 특종이라는 유혹에 취재윤리를 위반하면서까지 무리한 취재를 감행한 프로그램 제작진 모두개인이나 자신이 몸담은 조직의 이익을 사회적 가치보다 우선시한 사건이라고 볼 수 있다.

미국 법무부가 스탠더드앤드푸어스S&P를 상대로 제기한 50억달러 소송에서 미 연방법원이 법무부의 손을 들어준 것도 이해의 충돌로 인해 발생한 사회적 비용이 얼마나 심각한 상황을 초래하는지 경종을 울린 사례다.

2013년 7월 17일 미 연방법원은 S&P가 2007년 금융위기 직전 부채담보부증권CDO: Collateralized Debt Obligation의 담보물인 주택 모기지증권의 신용등급을 잘못 평가해 투자자들을 기만했다는 법무부의 주장이 타당하다는 최종 판결을 내렸다. 미 법무부는 S&P

가 이해관계의 충돌로 인해 내부 경고에도 불구하고 고의로 잘못된 신용평가 정보를 제공해 투자자들을 기만했다고 주장했으며, 미 법원은 S&P의 신용평가가 독립성과 객관성을 보증한다는 기업 강령에 위배된다고 판결했다.[30]

이해의 충돌로 인한 잘못된 판단 사례는 우리 주위에서 얼마든지 찾아볼 수 있다. 특히 평가자와 피평가자, 감사인과 피감사인, 재판관과 피의자 관계에서 이해의 충돌로 인해 발생하는 비윤리적 행동의 폐해는 매우 심각하다. 이를 방지하기 위해서는 무엇보다도 평가자, 감사인, 재판관이 피평가자, 피감사인, 피의자와 아무런 사적 이해관계가 없어야 한다.

2004년 도입된 법원의 향판鄕判제도는 잦은 법관 순환 인사로 인한 재판 부실을 막기 위해 도입된 제도이다. 주기적으로 전국을 이동하며 근무하는 대신 지방의 관할 법원 중 한 곳에 부임하여 퇴임할 때까지 근무하는 이 제도의 도입 취지는 재판의 안정성과 연속성을 확보하고, 지역의 민심과 정보를 파악할 수 있어 지역 정서를 반영한 재판이 가능해진다는 것이다. 하지만 인간은 아쉽게도 이해 충돌에서 자유롭지 못하다. 최고의 이성과 공정성이 담보되어야 하는 사법부의 제도조차 도입 취지와는 달리 지역 토호 세력과의 유착에 따른 재판의 불공정, 법조비리, 새로운 지역 권력의 탄생 등의 논란을 야기시키면서 2014년 폐지되었다.*

'정상배政商輩'라는 말이 있다. 정치가와 결탁하거나 정권을 이용하여 사사로운 이익을 꾀하는 무리를 일컫는다. 정치인과 기업인 사이의 밀착 관계를 병病의 상태로 칭한 '정경유착政經癒着'이란 말도 있다. 정상배나 정경유착 모두 이해의 충돌을 대변하는 말이다.

공정거래위원회가 법에 어긋나는 전관예우 사례에 대한 신고를 의무화하고, 공무원의 퇴직 심사 설차를 도입해 옮겨간 직장이 직무와 이해관계가 있는지 퇴직 전에 자체적으로 심사하기로 한 것도 이해의 충돌이 가져올 수 있는 유혹을 사전에 방지하려는 방편인 셈이다.

2012년 국민권익위원장이던 김영란이 제안하여 2016년 9월 28일 시행된 '부정청탁 및 금품 등 수수의 금지에 관한 법률', 소위 '김영란법'의 목적도 공직자가 특정인의 스폰서로 전락하는 것을 막기 위한 것이다. 그동안 형법에서는 공무원의 금품 수수에

---

* 대표적인 예가 2010년 일어난 소위 '황제노역' 사건이다. 2010년 1월 당시 광주고등법원 형사1부장판사가 비자금 조성과 탈세 혐의로 기소된 대주그룹 전 회장에게 징역 2년6월에 집행유예 4년, 벌금 254억 원을 선고하고, 이 벌금에 대해서 일당 5억 원의 환형유치換刑留置(벌금을 납입하지 않는 피고인을 일정 기간 동안 노역장에 유치하는 일) 노역 판결을 내린 사건이다. 이 사건은 2014년 3월 검찰의 대주그룹 전 회장에 대한 비자금 조성 및 탈세 의혹 조사 과정에서 세상에 밝혀져 사회적 논란이 되었다. 이때 대주그룹 전 회장의 판결과 관련된 인물들은 대부분 향판들이었다.

대해 직무 관련성과 대가성이 모두 인정된 경우에만 뇌물죄로 처벌했지만, 이 법은 일정 규모 이상의 금품을 받으면 직무 관련성이 없더라도 처벌하는 것을 골자로 하고 있다.

2013년 김영란법과 함께 정부안으로 국회에 제출됐던 '이해충돌방지법' 또한 공직자의 직무수행 과정에서 발생할 수 있는 부정한 사익 추구를 예방하기 위한 것으로 2022년 5월 19일부터 시행된다. 그동안 공무원의 직무 관련성 개념이 모호하다는 등의 이유로 발의와 폐기를 거듭했으나 2021년 3월 한국토지주택공사LH 직원들의 부동산 투기 사태를 계기로 법안 처리에 속도가 붙게 되었다. 이해충돌방지법은 공직자가 직무상 알게 된 비밀을 활용해 재산상 이익을 얻을 경우 7년 이하의 징역형이나 7000만 원 이하의 벌금형으로 처벌하는 내용을 담고 있다. 규제 대상은 입법·사법·행정부와 지방자치단체 공무원, 공공기관 임직원 등 190만 명이다.

법은 인간 사회에서 지켜야 할 최소한의 규약으로, 평균적 인간을 그 대상으로 하고 있다. 법이 강제하는 의무의 수준은 '평균인이 지킬 수 있는 정도'로, 이를 위반할 때 '옳지 않다不正'라는 감感을 사람들이 느끼게 하는 데 그 특색이 있다. 이런 관점에서 보면, 이해충돌을 방지하는 법을 제정한 이유가 차공제사借公濟私(공익을 빙자해 사익을 추구하는 것)하는 공직자들이 우리 주위의 평균적 인간보다 꽤 많기 때문은 아닌지 의문이 든다.

08

공유지의 비극과 반공유지의 비극:
'제한된 의지력'의 한계

덕德은 중용中庸을 지키는 데 있다.

– 아리스토텔레스Aristotle

현재 대서양과 지중해의 참다랑어 개체수는 그랜드뱅크The Grand Banks*의 대구와 비슷한 운명을 맞고 있다. 1960년대에 이미 어부들은 참다랑어 개체수가 위험에 처해 있음을 알고 있었다. 그래

---

* 그랜드뱅크는 캐나다 뉴펀들랜드Newfoundland 동남쪽에 있는 세계 3대 어장의 하나로, 세계적인 대구cod 서식지였다. 하지만 1960~70년대 어업 기술의 발달로 대규모 대구잡이가 무분별하게 이뤄지면서 1990년대 들어 대구 개체수는 회복할 수 없을 정도로 줄어들었다. 결국 그랜드뱅크의 어업은 붕괴되고 말았다. 규제와 관리를 하기에는 너무 늦은 상태가 되었기 때문이다. 그때 이후로 대구 개체수는 계속 저조한 상태이며, 많은 전문가는 그랜드뱅크의 생태계 복원에 회의적이다.

서 1969년, 대서양 참치 보존을 위한 국제 협약ICCAT: International Convention for the Conservation of Atlantic Tuna을 맺어 참치잡이를 보다 지속 가능하게 운영하고자 노력하였다. 하지만 안타깝게도 모든 나라가 ICCAT의 회원국은 아니었고, 그래서 협약 지침을 준수할 의무도 없었다. 실제로 많은 나라가 자신들의 이익을 위해 매년 대규모 참치잡이에 혈안이 되어 있다. 결과적으로, 흑해와 카스피해에서는 참다랑어가 이미 멸종 상태에 이르렀고, 대서양의 참다랑어도 비슷한 경로를 밟게 될 것이다.

사익이 공익을 앞서게 되면 소위 '공유지의 비극tragedy of the commons'이 발생한다. 이는 사적인 이익을 위해 공동의 재산(공유지, 공공재)을 남용하거나 오염시키는 행위를 말한다. 인간의 제한된 의지력bounded willpower*은 미래 가치나 공익보다는 눈앞의 이익에 눈멀게 하고, 이로 인해 근시안적인 판단을 조장한다. 공유지의 비극 또한 공익보다는 사익을 우선시하는 인간 본성에 따른 것이다.

내 집 화장실은 깨끗이 쓰면서 공중화장실에서는 그러지 못하고, 집 청소는 하면서 밖에서는 쓰레기를 허락 없이 내버리는 행위 또한 공유지의 비극이다. 어떻게 해야 이러한 공유지의 비극을

---

* 그 중요성을 알면서도 현실에 급급하여 미래 사안을 평가절하하는 인간의 태생적인 인지적 제한성cognitive bounds 중 하나이다. 제한된 의지력은 근시안적인 의사결정과 미루기를 부추긴다.

막을 수 있을까?

공유지의 남용은 내가 치러야 할 비용임을 인식시키고, 오남용 시 그 대가를 엄격히 치르게 하는 것이 첫 번째 방법이다. 내 호주머니에서 돈이 나가는 것을 알면 공유지의 비극은 줄어들 수 있다. 공공장소 입장료, 쓰레기 분리수거, 쓰레기종량제, 유류세, 통행료, 탄소세 등 수익자 부담 원칙이 그 예다.

또 다른 방법은 공유지의 사유화다. 역사에서 자본주의가 공산주의보다 결국 우월한 제도로 평가되는 것은 인센티브에 의해 움직이는 인간의 본성 때문이다. 미국의 생물학자이자 생태학자인 개릿 하딘Garret Hardin이 자신의 논문 〈공유지의 비극〉에서 예로 든 것이 소를 먹이는 목초지다.[31] 목초지가 공동의 것이기 때문에 내가 기르는 소를 목초지에 더 많이 데려가 더 많이 먹이는 것이 나에게는 이익이다. 목초지가 황폐해질 때의 손해는 모두가 나누면 되고 내 이익은 나 혼자의 것이니까 말이다.

하지만 모든 목동이 그런 생각을 가진다면 어떻게 될까. 목초지는 황폐해지고 이후로는 누구도 소를 먹일 수 없게 될 것이다. 결국 이기심은 자신을 포함한 모두에게 피해를 가져오게 된다. 하지만 그 목초지를 목동 수만큼 나누어 사유재산으로 만들고 각자 자기 것을 관리하게 한다면? 아마도 목동은 자신의 목초지가 그렇게 황폐해지도록 가축을 먹이지는 않을 것이다.

고대 중국 주나라의 정전제井田制도 마찬가지 예이다. 기존의 국유지를 우물 정井자와 같이 아홉 등분으로 나누어 여덟 곳은 농민들의 사유지로 만들고 가운데 한 곳은 함께 경작해 정부에 조공으로 바치게 함으로써 농민들의 노동 생산성을 향상시킨 예이다. 인간은 태생적으로 자기 것이라고 여기는 것에 더 신경을 쓴다.

하지만 '반공유지의 비극tragedy of the anticommons'도 조심해야 한다. 이는 공유지의 비극과 반대되는 개념으로 모든 것이 사유화됨으로써 발생하는 부작용을 의미한다. '교통정체gridlock'라고도 불린다.[32] 생명공학이나 의약 분야에서 새로운 제품을 개발하기 위해서는 여러 가지 기술이 합쳐져 시너지 효과를 내야 한다. 하지만 각 기술이 잘게 쪼개져 개인의 특허권으로 사유화된 경우가 많다. 이럴 경우, 어느 한 사람이라도 기술 사용을 허락하지 않으면 새로운 제품은 만들어질 수 없게 된다. 지나친 사유화의 부작용이다.

중세시대에 라인강은 신성로마제국에 의해 관리되고 있어서 누구나 사용할 수 있었다. 하지만 제국의 권위가 크게 쇠퇴하자 지방 영주들이 라인강 주변에 시설물을 설치하고 군대를 배치하면서 자기네 땅을 지나가는 배들에 통행세를 요구하기 시작했다. 통행세를 요구하는 영주들이 계속 늘어나자 운송업체들은 이를 감당하지 못하고 라인강을 이용한 수운水運 사업을 포기해 버렸다. 결국 라인강을 통한 물류는 거의 사라져버렸다.

부동산의 경우에서도, 지금까지 통행로로 잘 활용되어 오던 길을 어느 날 갑자기 자기 땅이라고 주장하며 길을 막는 일들이 생긴다. 소위 말하는 '알박기' 현상이다. 이처럼 토지 소유권에 따른 이해관계 불일치로 인해 공적인 문제가 발생하는 경우가 있다. 세대를 거치면서 세분화된 토지의 소유자들이 각자의 소유권을 주장함으로써 야기되는 부동산의 '미활용' 혹은 '불충분한 활용'의 문제이다. 하지만 이런 사례들은 사적인 영역으로 취급되어 사회적 문제로 공론화가 일어나기 어렵다.[33]

결국 '넘치는 것은 모자람과 같다過猶不及'는 말처럼 중용이 중요하다. 지나치게 한쪽으로 치우친 판단과 행동은 독毒으로 되돌아올 뿐이다.

09 ────────

최저가낙찰제가 무서운 이유:
알면서도 저지르는 동기적 판단 착오

─────────

우리는 자신과 이해관계가 있는 일에 있어서는 하나같이 현실주의자가 되고, 다른 사람들의 일에 있어서는 늘 이상주의자가 된다.

– 칼릴 지브란Kahlil Gibran, 레바논계 미국 시인

판단 착오에는 인지적 판단 착오cognitive biases와 동기적 판단 착오motivational biases가 있다. '인지적 판단 착오'란 우리가 일반적으로 이야기하는 판단 착오로서, 인간의 두뇌가 갖는 태생적 한계 때문에 우리 자신도 모르는 사이에 일으키는 것을 말한다. 반면에 '동기적 판단 착오'란 우리가 알면서도 어떤 동기적 요인에 의해 일부러 일으키는, 고의적인 판단 착오를 일컫는다.

동기적 요인의 예로 '인센티브'를 들 수 있다. 경영학에는 "Listen to grassroots' voices"라는 말이 있다. 일선 실무자의 의견을 경청하라는 금언이다. 일선 실무자는 고객과의 접점으로서

2장   왜 원칙은 쉽게 흔들리는가: 제한된 윤리성의 18가지 원인   77

고객의 요구 사항이나 시장의 흐름을 실시간으로 파악할 수 있기 때문이다. 하지만 사람들은 종종 인센티브로 인해 자신이 생각하던 바와는 다른 판단을 하곤 한다. 가령 일선 판매원들이 매출액 목표를 낮게 잡는 경향이 있는데, 이는 목표 달성을 통해 조직의 인정과 금전적 보상을 보다 쉽게 받고 싶기 때문이다. 일선 실무자의 의견을 경청한 것이 오히려 구성원들의 더 높은 목표 달성에 역효과를 내고 그들을 나태하게 만드는 것이다. 그러면 이러한 형태의 동기적 판단 착오는 어떻게 방지할 수 있을까? 기존의 매출액 데이터를 기초로 일선 실무자에게 최소한의 목표 수준을 가이드라인으로 미리 제시하고, 그 이상의 목표치를 그들에게 설정하게 할 필요가 있다.

최저가낙찰제가 위험한 이유

원자재 구매부서 직원이 구매 비용 절감액에 비례해 회사에서 인센티브를 받는 상황을 생각해보자. 저가의 원자재를 사들이고 이에 따라 구매 비용을 절감함으로써 해당 직원은 많은 인센티브를 받겠지만, 질 낮은 원자재의 구매는 제품의 품질 저하로 이어져 결국 회사에 손해가 될 수 있다. 최저가낙찰제가 위험한 이유이다. 이론적으로는 가장 적합한 가격으로 구매하는 최적격最適格

낙찰제가 이상적이지만 현실은 그렇지 못하다. 최저가낙찰제가 시장을 지배함에 따라 업체 간 과당경쟁으로 덤핑입찰이 만연하고, 이 때문에 여러 가지 부실 논쟁과 심지어는 비극도 발생한다. 설계가에 훨씬 못 미치는 낙찰가로 인해 건설 현장의 안전관리가 실제로 위협받고 있는 실정이다.

노동자 38명의 목숨을 앗아간 이천 한익스프레스 냉동창고 화재 참사의 재발을 막기 위해 시공사 안전수준을 반영한 최적격(최적가치)낙찰제를 도입하고 공사 현장 화재감시자에게 작업중지권을 부여해야 한다는 제안이 나왔다. (…) 코로나19 확산으로 물류산업이 급성장하면서 물류창고 확대가 지속해 이뤄지고 있다. 그런데 최저가 입찰과 설계단계에서 위험성 검토가 이뤄지지 않으면서 현장 곳곳에 위험이 누적되고 있다.[34]

중대재해기업처벌법 시행을 앞두고 건설사들이 현장 안전에 힘을 쏟고 있다. 현장 안전 신고제도, 위험작업 거부권, 4차산업혁명 기술을 도입한 스마트 건설기술 도입 확대 등을 도입하는 현장이 늘어나는 분위기다. 그러나 이 같은 노력은 현장 안전사고를 막는 근본적인 해결책으로는 부족하다는 지적이 나온다. '최저가낙찰제'와 '다단계재하도급' 구조가 여전히 이뤄지고 있어서다. (…) 제보자 A씨는 "○○건설은 무조건 최저가로만 입찰 공고한다. 도저히 전문인력을 보유한 기업은 단가를 맞출 수 없는 구조"라며 "이는 ○○건설만의 문제는 아니다. 건설업계의 고질적 문제다. (…) 최저가 입찰, 그리고 다단계재하도급은 결국 2명이 할 일을 1명이 하게 만든다. 현장 안전을 위협할 수밖에 없다"고 꼬집었다.[35]

최저가낙찰제로 인한 부실을 피하기 위한 대안은 어떤 것이 있을까? 첫째, 공급자가 먼저 최고가를 세안하고 입찰자가 구매 의사를 밝힐 때까지 가격을 낮춰가며 낙찰자를 정하는 '네덜란드식 경매Dutch auction'가 있다. 가장 높은 입찰가로 낙찰되어 공급자가 원하는 매도가와 수요자가 원하는 매수가가 균형을 이루는 지점이 낙찰가가 된다. 둘째, 비공개 입찰의 경우에는 가장 낮은 가격이 아닌 두 번째로 낮은 가격을 낙찰가로 정하는 방식이 있다. 입찰가를 턱없이 낮추어 덤핑 입찰하는 빈도를 줄일 수 있다.

때로는 동기적 요인인 인센티브가 정신적인 것일 수도 있다. 기상예보관들은 비가 올 확률을 조금씩 부풀린다는 얘기가 있다. 그 이유는 사람들이 맑은 날씨를 기대했다가 비를 맞으면 당황하고 기상예보를 탓하지만, 비가 온다는 기상예보에 대비했다가 막상 날이 맑으면 오히려 기분 좋게 받아들이는 경향이 있기 때문일 것이다. 기상예보관은 훌륭한 교육을 받으면서 최신 장비를 이용해 정확한 기상 예측을 하기 위해 노력하고 있지만, 그들의 판단도 이러한 정신적 인센티브에 영향을 받는 것이 사실이다.

식사 한 번 정도야…:
한번 이동한 원칙은 되돌아가지 않는다!

세상에는 일곱 가지 죄가 있다. 노력 없는 부, 양심 없는 쾌락, 인성 없는 과학, 인격 없는 지식, 원칙 없는 정치, 도덕성 없는 비즈니스, 희생 없는 종교가 그것이다.

– 마하트마 간디Mahatma Gandhi

요리할 때 소금이나 간장을 조금씩 넣어가며 간을 맞춰보지만 큰 차이가 느껴지지 않는다. 그래서 계속 간을 맞추게 되는데, 그러다 보면 어느새 너무 짜져서 음식을 못 먹는 지경에 이르게 된다. 요리뿐만 아니라 일상의 모든 일이 그렇다. 큰 변화는 금방 알아차릴 수 있다. 하지만 미세한 변화는 그것이 누적되어 우리의 목을 죄어오기 전까지는 잘 인식하지 못한다.

변화에 대한 둔감을 설명할 때 흔히 언급되는 이야기가 '개구리 우화boiling frog'다. 개구리는 원래 온도 변화에 둔감하다고 한다. 그러나 온도 변화에 아무리 둔감한 개구리라도 펄펄 끓는 물속에 던져 넣으면 그 즉시 물에서 뛰쳐나온다. 물이 뜨겁다는 것을 곧바로 감지하기 때문이다. 하지만 미지근한 물이 들어 있는 통에 개구리를 넣고 서서히 불을 지피면 개구리는 온도 변화를 감지하지 못한 채 기분 좋게 그 안에서 삶아지고 만다. 개구리 우화의 교훈은 무엇일까?

경영자는 바보가 아니다. 시장 환경의 크고 급격한 변화를 알아채지 못하는 경영자는 없다. 아무리 온도 변화에 둔감한 개구리라도 펄펄 끓는 물에서는 곧바로 뛰쳐나오는 것처럼 말이다. 만약 그런 큰 변화도 알아채지 못한다면 그는 경영자로서 자격이 없다. 하지만 서서히 뜨거워지는 물속에서 온도 변화를 감지하지 못한 채 행복한 표정으로 죽게 되는 개구리 같은 경영자들은 우리 주변에 너무 많다.

주변을 한번 둘러보자. 우리 주위에는 지금도 수많은 미세한 변화들이 끊임없이 일어나고 있다. 적지 않은 경영자들이 그 변화를 사소한 것으로 무시하거나 못 본 체하고 평가절하한다. 하지만 가랑비에 옷 젖듯 우리가 사소하다고 생각하는 그 변화들도 쌓이면 손을 쓸 겨를도 없이 어느새 우리의 목을 죄어온다.

천재지변이 아닌 이상 큰 사고가 갑자기 일어나는 일은 없다. 모든 사고에는 항상 전조가 있다. 하인리히 법칙Heinich's law이라고 있다. '1:29:300 법칙'이라고도 한다. 미국의 보험회사인 트래블러스 컴퍼니Travelers Companies의 재해 검사 부서에 근무하던 허버트 하인리히Herbert Heinrich는 과거 산업재해 기록을 검토하다가 흥미로운 사실을 발견하게 된다. 큰 사고는 갑자기 독립적으로 일어나는 것이 아니라, 그 사고가 일어나기 전 이미 그와 유사한 작은 사고가 29번이 발생했고, 또 29번의 작은 사고가 있기 전 사고로 이어질 뻔한 징후near-misses가 300번 있었다는 것이다. 하지만 많은 이들이 300번의 징후와 29번의 작은 사고는 무시하거나 못 본 체하고서 큰 사고가 일어나면 마치 그것이 갑자기 일어난 듯 호들갑을 떤다. 재앙은 갑자기 터지는 것이 아니다.

비즈니스에서도 시장 환경의 변화를 파악하지 못하거나, 알아도 무시하고 평가절하해서 실패한 사례는 무수히 많다. 원대한 꿈과 의지를 갖고 태어난 기업들이 얼마 못 가 사라지고, 100년 이상 살아남은 기업이 전 세계적으로 그리 많지 않은 이유가 이 때문이다. 기업이 주창하는 지속 가능성sustainablity이 헛된 구호로 그치게 된다.

변화에 대한 둔감은 비윤리적 행위도 불러온다. 엔론Enron의 분식회계 사례가 대표적이다. 엔론은 1985년 설립된 에너지 기업으로 2001년 12월 2일 조직적인 분식회계가 드러나 파산할 때까지 매출액 기준 미국 7대 기업이었으며, 1996년부터 2001년까지 〈포춘Fortune〉지로부터 '미국에서 가장 혁신적인 기업America's Most Innovative Company'으로 6년 연속 선정된 기업이었다. 이런 엔론이 어떻게 하다 무너지게 된 것일까? 이 사태에 대해 사람들은 엔론의 부도덕한 최고경영자 몇 명, 그리고 고객사인 엔론과 결탁해 회계 부정을 저지른 외부 감사업체 아서앤더슨Arthur Andersen의 잘못이라고 보통 이야기한다.

하지만 이 회계 부정 사건은 다음과 같이 생각해볼 수도 있다. 아서앤더슨은 큰 고객인 엔론과의 관계를 계속 유지하고 싶은 마음에 사소하지만 논란의 여지가 있을 수 있는 회계 사안을 엔론에 유리하게 판단해주었을 수 있다. 해석하기에 따라서는 위법한 일이 아닐 수 있기 때문이다. 하지만 첫 단추를 잘못 끼우면 결국은 셔츠를 다시 입어야 하듯이 사소해 보이는 작은 잘못이라도 계속 누적되다 보면 결국 큰 부정으로 이어지게 된다. 그래서 지켜야 할 원칙은 지켜져야 한다.

"예외 없는 원칙은 없다"는 말처럼 허망한 것이 없다. 상황에 따라 유연하게 대응한다며 조금씩, 조금씩 이동한 원칙은 결국 누더기가 될 뿐이다. 한번 이동한 원칙은 절대 원래 상태로 돌아가지 않는다. 나의 현재 위치와 원래 내가 지켜야 할 원칙 사이에는 메울 수 없는 큰 간극이 생기게 된다.

두 사람이 처음 만난 건 2005년이었다. 미국 로스앤젤레스 인근 골프클럽에서 만난 두 사람은 자주 골프를 즐기며 친구가 됐다. 한 사람은 세계적인 회계법인 KPMG의 파트너였고, 다른 한 명은 LA에서 작은 보석상을 운영했다. 친구 사이가 거래 관계로 바뀐 건

2009년. KPMG 파트너는 보석상 경영이 어려워진 친구를 돕기 위해 고객사의 비밀 정보를 알려주기로 마음먹었다. 처음에는 콘서트 티켓이나 작은 보석 등을 정보의 대가로 받았지만 시간이 지나면서 현금 뭉치, 롤렉스 시계 등으로 덩치가 커졌다.[36]

뉴스에서 심심찮게 접하는 부정 사건을 보면 그 발단은 이렇게 작은 것에서 시작된 경우가 많다. 위 기사에 따르면 29년 경력의 베테랑 회계사는 자신이 회계 감사를 맡은 고객사의 비밀 정보를 친구에게 여러 차례 제공하고 그 대가로 현금 5만 달러와 고가의 시계 등을 받다가 검찰에 덜미를 잡혔다. 악마는 작은 곳에 숨어 있다.

동서고금 어디를 살펴봐도 부정不正은 항상 소소한 것에서부터 시작한다. 상대방과의 소소한 식사 자리가 고기 선물로 발전하고, 고기 선물이 돈다발이 담긴 사과 상자로 변하는 것은 그리 오랜 시간이 걸리지 않는다. 내가 지켜야 할 원칙이 조금씩 이동하면서 자신도 모르는 사이에 수많은 비리가 자신을 감싸고 있고, 그 비리의 늪에서 헤어 나올 수 없는 자신을 발견하게 된다. 공직자의 부정부패는 처음부터 큰 뇌물로 만들어지는 것이 아니다. 오히려 액수가 크면 겁이 나서 거부해야 한다는 당위적인 마음이 쉽게 생긴다. 하지만 인지상정이라고, 아는 민원인과의 작은 식사 자리는 거부하기 힘들다. 하지만 괜찮다고 생각한 식사 자리가 자신의 원칙을 이동시키고, 이동된 원칙은 다시 새로운 원칙이 되어 현재의 나는 내가 애초에 지키겠다고 약속한 원칙과는 너무나 다른 모습을 보이게 된다. 이것을 우리는 '부정'이라고 부른다.

'표준의 조정standard adjustment'이라는 말이 있다. 표준 또는 원칙에서 한 발짝 벗어나게 되면 처음에는 그에 대해 심각하게 생각하지 않고 이를 정당화하려 한다. 하지만 한번 이동된 원칙은 제자리로 돌아오지 않고 다시금 새로운 표준의 역할을 한다. 원칙에서 벗어나는 이러한 조그마한 편차들이 누적되면 결국 나의 현재 상태와 내가 지켰어야 하는 원래의 원칙 간의 거리는 너무도 멀어져 돌이킬 수 없는 나락으로 떨어지고 만다. 이것이 원대한 꿈을 갖고 태어난 기업이 그리 오래 살아남지 못하는 원인 중 하나이다. 모든 일은 작게 시작한다. 원칙에서 작은 편차가 보일 때 그때 고쳐야 한다.

11 ————

'노동착취는 없었다'던 애플의 진실: 간접적으로 행하는 비윤리적 행위

책임은 내가 진다!The Buck Stops Here!

– 해리 트루먼Harry S. Truman, 미국 33대 대통령

조직폭력배가 등장하는 영화들을 보면 두목은 성실한 사업가 행세를 하면서 온갖 나쁜 일을 아랫사람에게 시키고 그 책임까지 뒤집어쓰게 하는 이야기가 나온다. 여기서 누가 더 나쁜 사람일까? 직접 움직이는 하수인도 나쁘지만 자기 손을 더럽히지 않고 나쁜 일을 사주하는 두목이 더 비난받아 마땅하다.

이는 영화 속에서만 일어나는 일이 아니다. 실제로 이러한 비윤리적 행위는 우리 사회 곳곳에서 일어나고 있다. 하지만 사람들 대부분은 이를 잘 인식하지 못한다. 때론 비난받아야 할 사람이 감춰지거나 심지어 좋은 사람으로 둔갑하기도 한다. 남을 통해

간접적으로 행해지는 비윤리적 행동은 가장 교묘하다고 할 수 있다. 자신이 그런 행동을 하는 것이 부담스러울 때 이를 다른 사람에게 떠넘기는 것이다. 자신은 비윤리적 행동에 직접 가담하지 않으니 사회적 비난을 비켜갈 수 있다. 하지만 남의 손을 빌려 비난받을 행동을 하는 것은 결국 더 안 좋은 결과를 초래하고 큰 사회적 비용까지 발생시킨다.

비윤리적 행위가 다른 이에게 전가되어 이뤄졌을 때, 특히 타인에게 전가한 비윤리적 행위가 어떤 결과를 낳았는지에 대한 구체적인 정보가 없을 때 사람들은 보통 비윤리적 행위를 전가한 개인이나 조직에 대해 비이성적으로 관대한 성향을 보인다. 하지만 비윤리적 행위의 결과에 대한 완전한 정보를 알게 되면 그 행위를 실제로 행한 측보다 전가한 측에 더 큰 비난이 쏟아진다. 이에 대한 사례를 살펴보자.

다국적 제약회사인 머크Merck가 개발해 판매한 항암 치료제 머스타젠Mustargen은 그 효과가 피부림프종양이라는 특정 암 환자에게만 국한돼 시장이 좁았다. 원가보다 판매가가 낮게 책정돼 이익도 전혀 나지 않는 제품이었다. 판매가를 올리자니 대기업으로서 이윤만 생각한다는 비난을 피하기 어려웠고, 약 생산을 중단하자니 제약회사로서의 사회적 책임을 외면한다는 여론의 집중포화를 맞을 수밖에 없는 상황이었다. 이런 상황에서 오베이션Ovation Pharmaceuticals이라는 작은 제약회사가 머스타젠의 제조 및 판매 권리를 인수하겠다고 제의했다. 오베이션은 연구개발을 하지 않고 대형 제약회사에서 인기가 시들한 제품의 판매 권리를 사들여 사업을 해온 작은 회사였다. 대중적 인지도도 낮았다. 결국 머크는 머스타젠의 제조 및 판매 권리를 오베이션에 넘겼고, 이를 넘겨받은 오베이션은 머스타젠의 도매가격을 단번에 열 배로 올려놓았다. 이러한 가격 인상은 해당 암 환자에게는 치명적이었다. 하지만 이 회사는 규모가 워낙 작아 여론의 비난을 피해갈 수 있었다. 물론 머크는 머스타젠 가격을 대폭 인상하는 비윤리적 행위를 직접 수행한 것이 아니다. 하지만 결과적으로 이런 행동을 다른 회사가 대신하도록 유도함으로써 해당 암 환자뿐 아니라 사회 전체적으로도 막대한 추가 비용을 초래했다. 결국 머크는 비윤리적 행동을 했다는 비난을 피하기 어렵게 되었다.[37]

이 사례에서 대중이 머크보다 오베이션에게 관대했던 이유는 오베이션을 잘 알지 못할 뿐 아니라 약자에 대한 비이성적 배려심 때문이다. 오베이션이 작은 제약회사다 보니 타산을 맞추기 위해 고육지책으로 약의 판매가를 올린 것이라고 이해했기 때문이다. 하지만 만일 머크사가 판매가를 조금이라도 올렸다면 여론의 화살은 머크사에 집중되었을 것이다.

사람들은 종종 알게 모르게 부하직원 또는 변호사, 회계사, 협력업체 등 외부인에게 목적 달성을 위해 어떤 방법이든 동원하도록 요구한다. 그것이 비윤리적인 방법임에도 말이다. 예를 들어,

많은 기업들이 비용 절감을 위해 생산을 아웃소싱하고 있다. 특히 아웃소싱 업체가 개발도상국에 있는 역외조달offshoring일 경우, 훨씬 열악한 노동조건, 작업환경, 안전기준 아래에서 그곳 노동자들을 착취할 수 있다.[38] 또 해당 지역의 원청업체가 하청을 주고, 또 재하청을 주어서 품질 하락은 물론 안전사고까지 유발해 결국은 하청업체를 파산으로 내몰기도 한다.

역외조달의 문제점을 폭스콘Foxxcon 사례를 통해 살펴보자. 폭스콘은 1974년 설립된 대만의 전자기기 주문자상표부착 생산기업OEM으로 홍하이Hon Hai정밀공업의 자회사이다. 애플의 아웃소싱을 도맡아 하는 것으로 잘 알려진 기업이다. 2010년 폭스콘의 중국 공장에서 일어난 집단 자살 사건은 폭스콘의 노동착취 관행을 수면 위로 드러냈다. 이 사건에 대해 애플은 2006년부터 이미 폭스콘을 비롯한 생산시설에 대해 지속적인 점검을 해왔다고 주장하면서, 오히려 잘못은 폭스콘에 있다며 그 책임을 떠넘기려고 했다. 폭스콘으로부터 받아온 노동환경 보고서가 조작되어 있었다는 것이다. 하지만 애플에 대한 비난 여론은 잠재울 수가 없었다. 결국 애플은 2012년 노동환경에 대한 전면적인 실태조사에 착수하는 것으로 사건을 일단락지었다.

애플의 최고경영자였던 스티브 잡스 또한 열악한 노동환경과 과중한 업무로 직원들이 연달아 자살을 선택해 '자살 공장'이라고 비판받은 폭스콘을 두고 "폭스콘에서는 노동력 착취가 없으며, 폭스콘의 자살률은 중국 평균보다 낮다"고 발언해 많은 비난을 받은 바 있다.

애플은 노동시간 규정이나 아동노동 금지 같은 공장 직원들의 권리 보호를 위한 자체적인 규칙을 가지고 있으며, 이를 준수하고 있는지 확인하기 위해 생산시설에 대한 지속적인 조사를 진행해 왔다고 주장한다. 하지만 이것만으로 애플이 근로자 보호를 위해 최선을 다했다고 볼 수 있을까? 애플 또한 폭스콘의 조작된 보고에 속아 넘어가 억울하게 손해를 본 피해자라고 말할 수 있을까? 그렇지 않다.

애플은 자사 제품의 기밀 유지, 특히 신제품에 대한 보안을 유지하는 데 지대한 노력을 쏟는 것으로 유명하다. 그리고 그 노력의 일환으로 아웃소싱 업체와 계약할 때 엄격한 기밀 유지 서약서를 작성한다. 아웃소싱 업체는 애플과의 계약을 이행하기 위해 엄격하게 공장을 통제한다. 예를 들어, 당시 중국의 한 폭스콘 공장에선 기밀 유지를 위해 공장 주위에 거대한 벽을 세우고, 숙식, 여가 모두를 공장 안에서 해결하게 하였으며, 외출을 위해선 몸수색이 필수였다. 또한 애플은 신제품 유출 방지를 위해 최종 제품을 최대한 늦게 조립하도록 지시하기도 했는데, 이는 공장 노동자들을 촉박한 마감 기한에 쫓기게 만들었다. 결과적으로 이러한 관행은 공장의 폐쇄성을 강화해 여러 위법행위가 외부로 드러나지 않게 만들었으며, 공장 직원의 추가 근로도 부추겼다.

애플이 직접적으로 폭스콘에게 이 같은 행위를 하도록 지시한 것은 아닐 것이다. 하지만 합법적인 노동환경에서 시행하기에는 너무 무리한 조건을 제시함으로써 폭스콘으로 하여금 공장 노동자에게 비윤리적 행위를 하도록 유도한 것은 분명하다. 간접적으로 행한 비윤리적 행동인 것이다.

이 사건(2010년 집단 자살 사건)이 일어난 지 12년이 넘는 시간이 흘렀지만, 최근까지도 폭스콘과 관련된 잡음은 끊이지 않고 있다. 애플 또한 마찬가지다. 인권 보호에 앞장서고 있다며 스스로를 홍보하고는 있지만, 계속되는 폭스콘의 작업환경 논란에도 여전히 제품 생산 대부분을 폭스콘에 아웃소싱하고 있다. 최근 화제가 되고 있는 전기차 애플카 또한 폭스콘에 생산을 위탁할 것이라는 이야기가 심심찮게 들리고 있다.

이에 더해 중국 신장지역 외곽의 위구르족 강제 수용소에서 '노예노동'으로 생산한 제품의 수입을 금지하는 '위구르 강제노동 금지법Uyghur Forced Labor Prevention Act'을 막기 위해 애플이 로비업체를 고용했다는 사실이 미 의회보고서를 통해 공개되었다. 결국 이 법안은 미국 상하원을 거쳐, 2021년 12월 23일 바이든 대통령이 서명함으로써 통과되었다. 이 법은 2022년 6월에 발효된다. 아이러니하게도 애플 홈페이지의 '협력업체에 대한 책임'에는 "People Come First(사람이 우선입니다)"라는 슬로건이 적혀 있다. 여기에 더해 일론 머스크Elon Musk의 테슬라Tesla는 바이든의 서명 잉크가 채 마르기도 전인 2021년 12월 31일 중국 신장 위구르족 자치구 우루무치에 대리점을 열어 중국의 인권 탄압에 동조한다는 비판을 받고 있다.

우리나라의 음식 배달 시장 역시 간접적인 비윤리적 행위가 벌어지는 또 다른 예이다. 음식 배달 시장은 연간 20조 원 규모로 성장하였으나, 그만큼 배달 라이더의 사고도 급증해 이륜차 사망자의 절반을 배달 라이더가 차지하고 있다. 사고 급증의 원인은 표면적으로는 라이더들의 낮은 안전 의식과 교통 법규 위반이다. 하지만 배달 중개 플랫폼 또한 책임에서 벗어날 수 없다. 배달 중개 플랫폼의 정책이 배달 사고 급증을 의도하지는 않았겠지만, 간접적으로 이를 부추긴 것은 사실이다. 배달 중개 플랫폼 시장의 과열 경쟁에 따라 그들은 '속도'라는 가치를 최우선으로 소비자에게 소구한다. '번쩍 배달', '총알 배달' 등 타 플랫폼 대비 빠른 속도를 강조하는 마케팅과 '늦은 배송 환불' 같은 다양한 속도 관련 정책은 결과적으로 배달 라이더의 과속 문화를 조장하고, 이것이 사고로 이어지게 된 것이다.

배달 중개 플랫폼과 라이더의 관계 또한 과속 문화를 조장한다. 라이더는 '생각대로', '부릉' 등 배달 대행업체에 속해 있지만, '배달의민족', '요기요' 등 배달 중개 플랫폼에게 지시를 받는 구조적 모순이 존재한다. 따라서 라이더에 대해 직접적인 책임을 지지 않는 배달 중개 플랫폼은 속도를 강조하는 배차 및 수수료 시스템을 구축하여 라이더가 과속을 하도록 유도한다. 배달 중개 플랫폼은 소비자에게 더 큰 편익을 제공하겠다는 취지로 속도를 강조하는 다양한 정책을 만들었겠지만 그러한 정책은 오히려 배달 사고 급증의 간접적 원인이 되고 말았다. 배달 중개 플랫폼이 간접적으로 행한 비윤리적 행위이다.

자기 일을 남에게 넘길 경우, 훌륭한 리더라면 그 일이 가져올 윤리적 사안에 대해서도 책임 의식을 가지고, 혹시라도 남의 손을 빌려 간접적으로 비윤리적 행동을 하는 것은 아닌지 항상 스스로를 경계해야 한다. 아울러 다른 사람이나 조직이 나를 위해 일하는 경우, 혹시 내가 비윤리적 행위가 일어날 가능성을 높일 수 있는 환경을 조성하고 있지는 않은지 숙고할 필요가 있다. 그것이 리더가 갖춰야 할 자질이자 조직이 지속 가능하기 위한 필요조건이다.

옳은 목표를 향해 뛰고 있는가: 잘못된 목표의 치명적 결과

"내가 무엇을 공헌할 수 있을까?"라고 스스로 묻지 않는 지식근로자는 분명 목표를 너무 낮게 설정할 뿐만 아니라, 십중팔구 잘못된 목표를 설정하기 쉽다.

– 피터 드러커Peter Drucker

성과측정 세계에 회자되는 말로 "내가 어떻게 행동할지 알고 싶으면 나를 어떤 방법으로 평가할지 먼저 알려달라"는 금언이 있다. 사람은 자신이 어떻게 평가되는가에 따라 행동 양식이 달라진다. 그래서 조직에서 성과지표와 목표 설정은 중요하다. 구성원들이 목표를 잘못 인식하면 그들의 행동도 이상하게 변하게 된다.

예를 들어, 어느 콜센터에서 고객 문의에 대해 60초 이내로 답한 콜 비율을 직원의 성과평가 지표로 설정했다고 하자. 물론 이 성과지표의 취지는 고객의 요구에 대한 신속한 응답을 도모하기 위한 것이다. 하지만 자신의 성과가 이 지표로 평가된다는 것을 알게 된 콜센터 직원들의 행동은 어떻게 변할까? 응답시간을 60초 이내로 맞추기 위해 책상 위에 놓인 초시계를 보며, 고객이 만족할 만한 답변을 듣기도 전에 "아시겠지요" 하면서 전화를 일방적으로 종료해 버리게 된다. 그래야 자신의 성과가 긍정적으로 평가되기 때문이다. '고객 만족'을 위한 성과지표가 오히려 '고객 폭발'로 이어지게 되는 것이다.

다른 예로 영업사원의 성과급이 이윤이 아니라 매출에 따라 결정된다고 해보자. 영업사원들의 행동은 어떻게 변할까? 비용은 생각지 않고 파는 데만 급급하여 조직의 이윤 추구에는 오히려 역행하는 방향으로 일을 할 수 있다. 프로모션 비용이 오히려 적자를 키우는 것이다.

자동차 수리 센터에서 수리공들의 업무 속도를 높이기 위해 시간당 매출목표를 높였다고 해보자. 수리공들은 과연 목표 달성을 위해 더 열심히, 속도감 있게 일을 할까? 그들은 더 빨리 일하기보다는 오히려 고객들에게 수리비를 바가지 씌우거나, 고장 나지도 않은 것을 고장 났다며 '거짓 수리'까지 하게 될지 모른다. 이는 1990년대 미국의 시어즈Sears 자동차 수리 센터에서 실제로 일어난 일이다.[39]

사람은 평가에 민감하다. 무엇에 의해 평가되느냐에 따라 사람의 행동은 달라진다. 그래서 좋은 취지로 잘 만들었다고 생각한 목표가 오히려 구성원들의 비윤리적 행위를 조장할 뿐만 아니라 그러한 비윤리적 행위를 오히려 장려하고 보상하는 것이 될 수 있다. 경영자가 자신들이 설정한 목표와 보상시스템이 구성원들의 행동에 어떠한 영향을 미칠지 조심스럽게 예견하지 못하면 의도하진 않았지만 결국 비윤리적인 행위를 조장하게 된다.

제각각의 이해관계자들 사이에서: 풍선효과와 만족해

정치인들이 반드시 수행해야 하는 가장 용기 있는 결정들 가운데 하나는 자신의 유권자들이 좋아하지 않는다는 사실을 알면서도 그들의 이익에 가장 잘 부합하는 행동을 선택하는 것이다.

― 존 F. 케네디John F. Kennedy

우리가 어떤 판단을 하게 되면 그 판단에 영향을 받는 사람들, 즉 이해관계자stakeholders가 여럿 존재하기 마련이다. 이해관계자들이 원하는 바는 제각각이다. 그래서 해당 의사결정과 관련된 여러 이해관계자의 다양한 욕구를 종합적으로 고려하지 못하면 의도와 상관없는 예기치 못한 결과를 가져올 수 있다. 사회적으로 집단 간의 갈등이 빚어지기도 한다.

예를 들어, 정부가 가난한 사람들에게 식량을 무료로 지원하는 행위는 인도주의적 차원에서 장려할 만하다. 하지만 이러한 정책은 농부들의 이윤 창출에는 역효과를 낼 수 있다. 자유무역협정

FTA에 의해 외국에서 소고기를 값싸게 들여오면 일반 소비자들은 저렴한 가격으로 소고기를 먹을 수 있게 되지만 한우 축산 농가들은 가격경쟁에 따른 수요 감소로 안정적인 소득을 유지하기 어렵게 된다. 이렇듯 이해관계자들의 어긋난 이해를 고려하지 못하고 어느 한쪽에 유리한 결정을 내리면 다른 쪽에는 그에 상응하는 반작용이나 비용을 초래할 수 있다. 한쪽을 누르면 다른 쪽이 튀어나오는 '풍선효과balloon effect'이다.

의사결정이 어려운 이유는 그것에 영향을 받는 사람들이 다양하고 그들의 욕구가 상충하기 때문이다. 모든 사람을 행복하게 해주겠다는 말처럼 허황한 것은 없다. 정치인들의 공약公約이 헛된 약속인 공약空約으로 그치는 이유이다. 정치인들의 공약을 보면 재원은 어떻게 감당할지 의문이다. 아무리 써도 줄지 않는 보물단지인 화수분을 갖고 있지 않은 한, 이해관계자들의 욕구가 상충할 경우 그들 모두의 욕구를 만족시키는 방법은 아쉽지만 실제로는 존재하지 않는다. 일부의 욕구는 충족되지만, 나머지 이해관계자들의 욕구는 불가피하게 희생될 수밖에 없다. 이럴 땐 전체적인 관점에서 희생의 폭을 최소화할 수 있는 만족해satisficing solution*를 추구하는 것이 답이다.

---

* 여기에서의 'satisfice'는 'satisfy(만족시키다)'와 'sacrifice(희생하다)'의 합성어 개념이다.

만족해를 추구하는 리더야말로 진정한 리더다. 전체를 위해 일부의 희생이 불가피한 이유를 설명하고, 이해시킬 수 있는 진지함과 논리적 설득력, 의사소통 능력, 그리고 실천력이 필요하다. 그렇지 않으면 진영논리에 빠지거나 인기영합주의자populist가 될 위험이 크다.

좋은 의도가 나쁜 결과를 가져오는 순간: 코브라 효과

우리가 저지르는 가장 큰 실수 중 하나는 정책이나 프로그램을 결과가 아니라 그 의도로 판단하는 것이다.

– 밀턴 프리드먼Milton Friedman, 미국의 경제학자

착한 결정이 의도하지 않은 결과를 가져오는 현상을 '코브라 효과cobra effect'라고 한다. 영국이 인도를 식민 통치하던 시기, 인도에 맹독성 코브라가 창궐해 수많은 사상자가 발생했다. 이 문제로 골머리를 앓던 영국인 관료들은 코브라에 포상금을 걸어 이 문제를 해결하고자 했다. 이 정책은 초기에 꽤 효과적인 것처럼 보였다. 포상금을 받기 위해 사람들이 수많은 코브라를 잡아왔고, 이에 따라 코브라의 개체수도 줄어들었기 때문이다.

하지만 시간이 지날수록 이상한 일이 일어나기 시작했다. 포상금을 받는 사람이 계속 증가함에도 코브라 수는 줄기는커녕 다

시 증가하는 모습을 보였다. 이에 의구심을 가진 영국 총독부는 그 원인을 조사해 밝혔는데, 사람들이 포상금을 받기 위해 코브라 농장을 만든 것이었다. 이 사실을 알게 된 총독부는 부랴부랴 포상금제를 철회했다.

그러자 이번에는 사람들이 쓸모없어진 코브라를 방생하기 시작했다. 결국, 코브라 수는 포상금제 시행 이전보다 많아졌고, 그 제도는 안 하느니만 못한 결과를 낳게 되었다. 뱀을 줄이기 위한 제도가 오히려 뱀을 늘리고 만 것이다.

사회적 약자를 보호한다는 좋은 취지로 시행되는 정책들이 예상과는 다르게 나쁜 결과를 초래하는 일들이 우리 사회 곳곳에서 발생하고 있다. 국내 입양을 활성화하기 위해서 정부가 2007년부터 시행한 입양 비용 및 입양아동 양육 수단 지원 정책도 하나의 예이다. 더 많은 아이가 좋은 가정에서 양육될 수 있도록 유인책으로 시행한 보조금 정책이 의도한 것처럼 아이들을 보호하고 국내 입양을 늘렸을까? 대답은 '아니다'이다. 보건복지부에 따르면 국내로 입양된 아동 수는 최근 10년간 크게 감소했다. 2009년 국내 입양 아동 수는 1314명이었으나 2018년에는 378명으로 집계됐다.[40] 2007년 보조금 정책이 시행된 이후 국내 입양이 오히려 줄어든 것이다.

아울러 이런 문제까지 발생했다. 2021년 5월에 30대 아버지가 입양한 두 살배기 아이를 여러 차례 폭행하여 중상을 입힌 사건이 있었다. 이 남성은 입양 당시 축하금 100만 원을 받았고, 매달 입양아동 양육수당으로 15만 원을 받은 것으로 밝혀졌다.[41]

결국 국내 입양을 늘리고자 시행한 보조금 정책은 국내 입양아 수를 늘리기는커녕 보조금을 노린 사람들의 입양아 학대 같은 나쁜 결과를 초래하게 되었다. 좋은 의도로 시작한 일이 정반대의 결과를 낳게 된 것이다.

개발도상국에 진출한 어느 다국적기업이 공장에 어린 소년을 노동자로 고용했다고 하자. 이는 분명 청소년 보호 차원에서 법적으로 타당하지 않을 뿐만 아니라 많은 사람의 눈에 윤리적인 경영 행위로 비칠 수 없다. 결국 여론의 비난을 받은 이 회사의 경영진은 윤리적 차원에서 이 소년을 해고하기로 했다. 그렇다면 해고된 이 소년은 많은 사람이 기대하듯이 가정으로 돌아가 여느 어린이처럼 학교에 다닐 수 있을까? 어쩌면 이 소년 가장은 직장을 잃고 가족을 부양할 길이 없어 범죄에 가담하거나 거리의 부랑아가 될지도 모른다. 경영진이 윤리적 차원에서 내린 결정이 윤리적 결과를 가져오지 않은 것이다. 바로 나이키Nike의 사례이다.

1996년 〈라이프Life〉지에 실린 한 장의 사진으로 나이키는 전 세계인의 비난을 받았다. 파키스탄의 12세 소년 타릭과 인도의 3세 아기 실기의 사진이다. 실기가 자기 손가락보다 긴 바늘로 나이키 축구공을 꿰매고 있는 충격적인 사진이었다. 이 사진으로 인해 나이키는 전 세계인의 질타를 받았다. 이 사건 이후 나이키는 기업윤리 강령에도 명시했듯이 16세 미만 청소년의 고용을 금지하고 있다. 하지만 나이키가 인도적 차원에서 또는 여론에 떠밀려 행한 윤리적 취지의 행위(청소년 해고)가 결과적으로 해당 청소년에게 행복을 가져다주었는지는 의문이다. 한 시점에서의 선한 의지가 다른 시점에서 의도한 결과를 내놓지 않을 수 있음이다.

인터넷 커뮤니티에서 반짝 유명했던 장애인 인권에 관한 만화의 내용도 마찬가지이다. 내용은 다음과 같다. 한 놀이공원에서 귀신의 집에서 연기할 귀신, 괴물 역으로 장애인들을 고용했다. 월 300만 원의 급여에 연기 수업도 무상으로 해주고 숙식도 제공해주는 굉장히 좋은 조건의 직장이었다. 하지만 장애인들을 조롱거리로 만든다며 인권단체가 들고 일어났고, 그 결과 놀이공원은 문을 닫고 장애인들은 일자리를 잃게 되었다. 이후에 인권단체의 대표가 TV에 나와 인터뷰를 하는데 "당신 때문에 직업을 잃은 장애인들에 대해 어떻게 생각하냐?"는 질문에 "모두 좋은 분들이니 어디선가 잘 살고 있을 것이라고 믿는다"라는 애매모호한 답변을 남기며 만화는 끝이 난다.[42]

'내일을 위한 신발Tomorrow's Shoes'의 약자인 탐스슈즈TOMS Shoes는 창업자인 블레이크 마이코스키Blake Mycoskie가 아르헨티나 여행 중 현지 아이들이 맨발로 걸어 다니는 모습에 착안해 만든 브랜드이다. 신발 한 켤레를 사면 신발이 필요한 아이들에게도 한 켤레가 기부되는 '원포원One for One' 정책을 통해 '착한 기업'

의 상징이 됐다. 사람들은 자신의 소비가 기부 행위로 이어질 수 있다는 '좋은 취지'에 열광했고, 탐스는 성공할 수 있었다. 하지만 좋은 의도는 그것만으로는 충분하지 않다. 윤리적이라고 생각해 내린 의사결정이 원래의 취지와는 다른 의도하지 않은 결과를 가져왔다. 우선, 신발이 태국, 세네갈 등 신발이 불필요하거나 자체적으로 충분히 생산 가능한 지역으로도 건너가게 되었다. 결과적으로 현지에서 생산되는 신발보다 탐스슈즈가 우위를 점하게 됐고, 이는 현지인들의 일자리를 감소시키는 위협 요소가 되었다. 아울러 현물 기부는 외부에 대한 의존도를 높여 해당 지역의 자체적인 생산 노력과 발전을 저해했다.

다시 강조하지만 의도가 선하다고 좋은 결과가 담보되는 것은 아니다. 그렇기에 다음 질문을 스스로에게 주기적으로 던져야 한다. 첫째, "내가 지금 하려는 판단이나 행동이 정녕 사람이나 동물 등 수혜 대상을 위한 것이 맞는가? 혹시 나의 도덕적 허영심을 채우기 위해 이 일을 하는 것은 아닌가?" 둘째, "내가 이러한 판단이나 행동을 했을 때 수혜 대상에게 어떤 일들이 일어날 수 있는가? 그리고 그 결과가 내 의도와는 달리 부정적일 때 그것에 대해 내가 책임질 수 있는가?" 이러한 질문에 성실하게 답하려는 노력은 우리의 근시안적 의사결정의 빈도를 크게 줄여줄 것이다.

새 임대차법이 시행된 지 6개월이 지났지만 전세시장은 정부 의도대로 움직이지 않고 있다. 전셋값 상승세는 계속되고 있다. 치솟는 전셋값에 "벼락거지가 됐다"는 자조가 나올 정도다. 정부는 전·월세 통합 갱신율이 올라가고 있다고 반박하지만 문제는 2년 후다. 이후 세입자는 4년 치 전셋값 인상을 감당해야 한다. 시장의 역습이 시작되는 것이다. 정책 실패에 따른 부작용은 세입자들에게 전가된다. 현재까지는 정부·여당의 선한 의도가 선한 결과를 가져오지 못하고 있다.[43]

특정한 시점에서 윤리적이라고 생각해 내린 의사결정이 다른 시점에서는 원래의 취지와는 다른, 의도하지 않은 결과를 가져오는 일은 우리 주변에 허다하다. 어떤 의사결정이 윤리적이기 위해서는 그것이 가져올 파급효과까지 고려할 수 있어야 한다. 한 집단에 유리한 의사결정이 다른 집단에는 불리한 의사결정이 될 수있듯이 어느 한 시점에서 윤리적인 의사결정이 다른 시점에도 윤리적인 것은 아닐 수 있기 때문이다.

15

미국의 국가금주법 '볼스테드법'의 교훈: 입법에 신중해야 하는 이유

어설픈 지식이 있는 자에게 일을 도모하게 해서는 안 된다. 또 작은 충의忠義에 치우치는 자에게 일국의 법을 취급하게 해서는 안 된다. 모두 실패한다.

– 한비자韓非子

법은 일단 만들어지면 없애기 힘들고, 그 법에 영향받는 이해관계자들의 희비가 엇갈릴 뿐 아니라 입법 취지마저 무색하게 만드는 부작용을 낳을 수 있다. 어느 한쪽의 편익을 위해서, 어느 한쪽이 겪는 어려움과 불평등을 해소하기 위해서 깊은 생각 없이 감성적이고 즉흥적으로 만든 법은 오래지 않아 부작용을 낳게 된다.

우리나라의 비정규직 보호법을 예로 들어 보자. 2006년 11월 30일, 비정규직 보호 관련 3개 법안이 국회에서 통과되었다. 이 법은 근로자 100인 이상 기업에서 계약직으로 2년간 근무한 직원은 정규직으로 전환하도록 한다는 좋은 취지를 가지고 있다.

하지만 실제로는 오히려 비정규직에게 불리한 결과를 만들어내고 있다. 계약직으로 2년 근무한 직원을 정규직으로 전환해야 하는 법적 부담과 노조의 반발 등으로 인해 2년이 되면 해고하고, 해고 후 일정 기간이 지나면 이전과 전혀 다른 업무에 계약직으로 다시 고용하는 기이한 현상이 많은 기업과 조직에서 반복되고 있다. 사측employers 입장에서도 직원이 업무를 어느 정도 익히면 해고해야 하니 업무 연속성이 떨어지게 되고, 일을 하는 쪽employees도 직장이 안정되지 않아 비정규직을 전전하는 일이 되풀이된다. 비정규직을 보호한다는 법안의 본래 취지가 무색하게 된 것이다.

외국의 사례를 들어보자. 2003년, 노르웨이 정부는 기업의 여성 임원 비율을 40퍼센트 이상으로 요구하는 법안을 통과시켰다. 그 당시 노르웨이 기업의 여성 임원 비율은 9퍼센트에 지나지 않았다. 이 법이 시행된 후 서던캘리포니아대학교의 케네스 어헌Kenneth Ahern과 에이미 디트마Amy Dittmar는 노르웨이의 여성 임원 비율이 기업 가치에 미치는 영향을 실증 분석하였다.[44] 결과는 어떠했을까? 이 법안이 발효된 직후 노르웨이 기업의 주가는 급속히 내려갔고, 후속년도에서도 여성 임원 비율의 상승이 오히려 기업 가치를 떨어뜨린다는 결과가 나타났다. 왜일까? 기업들이 여성 임원 비율의 법적 요구치를 달성하기 위해 경험이나 자질이 부족한 여성을 임원 자리에 앉혔기 때문이다. 양성평등과 기업 가치

향상이라는 좋은 의도로 시작된 법안이지만 기업 성장이 아닌 기업 가치 하락이라는 부정적인 결과를 초래한 것이다.

2016년 일본 정부도 성장 전략의 하나로 여성 관리직 비율의 목표를 정한 '여성활약추진법'을 통과시켰다.[45] 여성활약추진법이란 여성의 채용 및 승진의 기회를 늘려 인구 감소로 노동력 부족이 우려되는 일본 사회에 활력을 불어넣겠다는 아베 정부의 시한 입법으로 종업원 301인 이상의 기업이 대상이다. 일본 후생노동성에 따르면 이에 해당하는 기업은 1만 5000개에 이른다. 2016년 현재 일본 기업의 여성 임원 비율은 11퍼센트 수준으로 20~30퍼센트가 여성 임원인 유럽이나 미국에 한참 못 미친다. 일본 정부는 2020년까지 과장급 이상 관리직의 여성 비율을 30퍼센트 수준까지 늘리겠다는 목표를 세웠지만, 기업 실정을 외면한 탁상행정이라는 우려 섞인 목소리가 나왔다. 실제로 일본 기업의 여성 관리직 평균 비율은 2021년 7월 31일 기준 8.9퍼센트로 역사상 최고치를 기록하였으나 2020년까지 달성하겠다던 목표 30퍼센트에는 턱없이 못 미치는 수준이다. 일본 정부는 2020년까지 달성하겠다던 여성 관리직 비율 30퍼센트를 '2020년대 조기 성취'로 수정하였다.[*46]

2020년 우리나라 교육부도 교육공무원법을 개정해 국공립대 교원 중 특정 성별이 4분의 3을 초과하지 못하게 하고, 2030년까지 여성 교수 비율을 25퍼센트로 올린다는 조항을 신설했다. 국공립대 여성 교수 비율을 25퍼센트로 끌어올리는 '여성 교수 할당제'를 두고 교수를 꿈꾸는 사람들 사이에서 논란이 커지고 있다. 여성 교수 비율이 25퍼센트를 크게 밑도는 상황에서 할당제를 시행하게 되면 남성 연구자의 교수 임용 기회가 줄어들어 오히려 남성에게는 역차별이라는 말이 나올 수 있고, 연구실적과 경력이 현저히 미달하는 사람도 교수로 채용될 수 있다고 지적한다. 오히려 젠더 갈등을 부추기는 정책이라는 비판을 피할 수 없게 되었다.

'민식이법 놀이'라고 들어 보았는가? 어린이보호구역(스쿨존)에서 행해지는 아이들의 위험천만한 행동이다. 2020년 3월 25일 시행된 소위 '민식이법'은 스쿨존에서 안전 의무 소홀로 사망이나 상해사고를 일으킨 운전자를 가중처벌하는 법이다. 하지만 이 법을 악용하는 놀이가 빈번하게 행해지고 있다. 초등학교 인근 도로에서 아이들이 차도로 갑자기 나와 달리는 차량을 향해 위협적인 행동을 하는 것이다. 출발선에서 신호가 바뀔 때 갑자기 아이가 튀어나와 운전자의 모골을 송연하게 한다. 아이들이야 자기가

---

* 참고로, 2021년 현재 일본의 여성 직원 비율은 평균 26.5%, 여성 임원 비율은 평균 11.8%로 조사되었다. 조사기간은 2021년 7월 15일부터 31일까지이며, 전국 2만 4285개 기업을 대상으로 설문조사를 실시하였고, 유효응답사 수는 1만 992개(응답률 45.3%)로 나타났다. 설문조사의 자세한 데이터는 TDB Economic Online(https://www.tdb-di.com)에 게시되어 있다.

차보다 더 빠르다는 것을 과시하기 위해 하는 놀이겠지만 당하는 운전자에게는 악몽이다. 행정안전부에 따르면 민식이법의 시행에 따라 2020년에 발생한 스쿨존 교통사고는 478건으로 2019년(567건)보다 15.7퍼센트 감소했고, 사망자 수도 2019년 6명에서 2020년 3명으로 줄었으며, 주행차량 과속 비율은 2019년 26.9퍼센트에서 2020년 21.9퍼센트로 감소했다고 한다. 하지만 운전자들 사이에서는 민식이법이 아이들의 용돈벌이 놀이로 전락하는 일이 스쿨존에서 벌어지고 있다고 호소한다.

악惡을 규제하고 선善을 보호하기 위한 목적으로 제정된 법에는 '약자 보호', '사회적 선의 실현', '공공복리의 증진'이라는 순기능도 물론 존재한다. 하지만 충분히 논의되지 않고 겉으로 드러난 문제점만을 단기간에 해결하기 위해 성급히 만든 규제는 두고두고 예상치 못한 부작용을 초래한다.

감정에 휘둘린 법 제정도 문제이다. '볼스테드법Volstead Act'이라 불리는 미국의 국가금주법은 1919년 미국 수정 헌법 제18조를 비준하면서 시행된 법안으로 술의 제조, 판매, 수입 및 수출을 금지하였다. 그러나 순기능보다 사회적 부작용이 더 크게 나타나 1933년에 폐지되었다. 이 법의 제정 배경은 이렇다. 첫째, 미국은 식민지 시절부터 음주로 인한 학대와 폭력이 심각한 사회 문제로 인식되었고, 남북전쟁(1861~1865년)으로 인한 심리적 좌절감, 사회적 위기감 등을 사람들이 음주로 해결하려는 경향이 강해 이를 제재하기 위한 법안을 고려하게 되었다. 둘째, 독일 이민자에 대한 견제 장치가 필요했다. 제1차 세계대전(1914~1918년)으로 인해 독일에 대한 감정이 좋지 않았던 미국은 금주법 제정을 통해 독일 이민자들의 양조업을 규제하여 그들이 미국에서 부를 쌓는 것을 견제하려 했다.

이 볼스테드법은 실제로 긍정적인 효과도 가져왔다. 시민들의 음주량이 줄어듦에 따라 정신질환 감소와 음주로 인한 사망률이 30퍼센트에서 10퍼센트로 줄었다. 사회적으로도 음주로 인한 직원의 결근이 줄어들어 일시적으로 생산성 향상이 나타났다. 하지만 모든 일에는 항상 의도하지 않은 부작용이 따르게 된다. 알 카포네Al Capone와 같은 이탈리아 마피아를 필두로 불법 주류 제조와 판매가 빈번하게 이루어졌다. 무허가 주점 및 살롱의 개설, 밀수업 만연, 폭력 조직 간의 이권 다툼 등 범죄율이 급상승했고, 당시 큰 세수입 중 하나인 주세酒稅가 없어져 미국 정부는 심각한 세수 부족을 겪게 되었다. 그리고 미국이 이 법으로 규제하고자 했던 독일 출신 양조업자들은 위스키, 럼, 브랜디와는 다르게 맥주를 공급하고 있어서 법으로 인한 타격이 그다지 크지 않았다.

독일계를 견제해야 한다는 감정론에 빠져 양조업에 종사하는 독일인이 얼마나 있는지, 그 당시 미국에서의 주류 소비 패턴은 어떠한지 등 법안 제정에 꼭 필요한 정보 수집을 소홀히 했던 것이다. "알프스산맥을 넘을 생각이라면 일기예보를 확인하라"라는 말처럼 중요한 결정을 위해서는 정보 수집이 필수적이다. 물론 당시의 미국은 전쟁이라는 특수한 상황에 놓여 있어 이성적 판단을 하는 것이 어려웠겠으나, 법이라는 사회적 규칙을 정하는 데 있어 감정에 휘둘리는 판단은 오히려 원래 취지와는 다른 결과를 낳게 된다.

입법에는 주의를 기울여야 한다. 국회의원들의 섣부른 입법은 의도치 않은 부작용을 사회에 끼칠 수 있기 때문이다. 국회의원들의 성과는 발의 건수가 아닌 법안의 질로 평가되어야 한다. 일단 만들어진 법은 없애기가 어렵다. '소 잃고 외양간 고치기'식의 즉흥적이고 근시안적인 입법은 규제 지옥으로 국민을 내몰 뿐이다. 실제로 많은 법안이 큰 사고가 일어난 후 만들어진 사후약방문식이고 인기영합주의식이다 보니 예기치 못한 부작용도 만만치 않다. 예방적인proactive 법안 발의와 입법이 그래서 중요하다.

16

비윤리적 행동이 어디서나 반복되는 이유: 비윤리성의 기억 상실증

불쌍히 여기는 마음이 없으면 사람이 아니고, 부끄러운 마음이 없으면 사람이 아니며, 사양하는 마음이 없으면 사람이 아니고, 옳고 그름을 아는 마음이 없으면 사람이 아니다. 불쌍히 여기는 마음은 어짊의 극치이고, 부끄러움을 아는 마음은 옳음의 극치이고, 사양하는 마음은 예절의 극치이고, 옳고 그름을 아는 마음은 지혜의 극치이다.

– 맹자孟子의 사단설四端說

우리는 종종 "그때가 좋았지"라는 말을 하곤 한다. 과연 그 말처럼 그때가 지금보다 좋았을까? 그때도 분명 힘든 일이 있었을 텐데, 그때가 지금보다 더 좋게 느껴지는 것은 왜일까?

　학자들은 이를 해석수준이론CLT: Construal Level Theory으로 설명한다. 해석수준이론에 따르면 인간은 나 자신myself, 현재present, 이곳here을 중심으로 상황의 거리를 판단한다. 거리가 멀수록 상황에 대한 해석이 추상적이고, 본질적인 상위 수준이 되고, 같은 상황이지만 거리가 가까울수록 그에 대한 해석이 구체적이고, 부차적인 하위 수준이 된다. 이를 '심리적 거리감psychological distance'

이라고 한다.[47] 가까운 사람의 조언보다는 미디어나 전혀 모르는 타인의 조언이 더 신빙성 있게 들리는 이유이다. 바로 며칠 전 여행에 대해서는 숙박 시설, 식사 메뉴, 관광지에 대한 구체적인 내용이 생각나지만, 일 년 전 여행에 대해서는 구체적인 내용보다는 "좋은 가족여행이었어", "오랜만에 참 잘 쉬었어" 같은 그 여행의 목적이나 전체적 분위기가 생각나는 것도 이 심리적 거리감 때문이다.

이러한 심리적 거리감으로 인해 인간은 예측prediction, 행동 action, 그리고 회상recollection이라는 시간상 분리된 세 단계에서 윤리성에 대한 인식이 달라진다. 예측 단계에서는 자신이 윤리적인 행위를 할 것으로 예상하고, 회상 단계에서도 실제 자신이 했던 행동보다 윤리적인 행동을 했다고 믿는다. 하지만 실제 행동 단계에서는 예측이나 회상 단계와는 달리 비윤리적인 행동을 한다.

앤 텐브런셀Ann Tenbrunsel과 동료들은 이러한 시간 차이에 따른 비일관적 행태를 욕망 자아want-self와 당위 자아should-self로 설명하고 있다. 예측 및 회상 단계에서는 당위 자아가 우세한 힘을 발휘하지만, 실제 행동 단계에서는 욕망 자아가 우선한다는 것이다.[48] 예를 들어, 상대방과의 물품 구매 계약을 앞두고는 윤리적인 거래를 할 것이라고 스스로 다짐하지만, 실제 계약에서는 좀 더 나은 조건으로 거래하기 위해 의도하지 않은 비윤리적 행동을 하게 되고, 또 나중에 계약 당시를 회상할 때는 실제보다 윤리적인 행동을 했다고 믿는 것이다. 즉 당위 자아는 해석수준이론에서 말하는 상위 수준의 상황 해석을 유도하고, 욕망 자아는 하위 수준의 상황 해석을 유도한다.

해석수준이론에 따르면, 사람들이 비윤리적 행동을 계속 반복하는 이유는 시간이 지남에 따라 자신이 했던 비윤리적 행동에 대한 인식이 흐려지기 때문이다. 인간은 심리적 거리감으로 인해 자신이 과거에 했던 비윤리적 행농의 구체적인 내용에 대해, 그것이 부정적이든 긍정적이든 상관없이 잊기 쉽다. 이러한 현상을 '비윤리성의 기억 상실증unethical amnesia'이라고 부른다.[49] 즉 시간이 지남에 따라 우리의 기억 속에서는 자신이 한 비윤리적 행위에 대한 구체적인 내용이 사라진다는 뜻이다.

아울러 윤리적으로 행동해야 한다는 바람, 그리고 자기 자신을 도덕적인 사람으로 바라보는 편견도 자신이 행한 잘못된 행동을 잊게 만드는 동기적 요인이 된다. 또한 비윤리성의 기억 상실증은 비윤리적 행동을 저지른 후 나타나는 심리적 불안감이나 불편함을 덜어내는 도구가 된다.[50] 우리는 자신이 저지른 부도덕한 행위에 대해 "기억나지 않는데요"라고 말하는 낯 두꺼운 사람들을 적지 않게 본다. 이러한 모습은 자신이 했다고 생각하고 싶지 않은 비윤리적 행위를 기억하고 싶지 않아 일어나는 일종의 망각 증세이다.

사실 사람들은 자신이 원하지 않는 기억을 끄집어내는 것을 싫어하기 때문에 세월이 지남에 따라 그것에 대한 기억은 희미해져 가고, 그래서 비윤리성의 기억 상실이 일어나게 된다. 하지만 기억을 잃는다고 해서 자신의 과거 행위가 정당화되는 건 아니다. 우리가 주목해야 할 점은 이러한 비윤리적, 비도덕적 행위에 대한 기억 상실증 때문에 잘못된 행동을 계속해서 반복하게 된다는 것이다. 잘못된 행동으로부터 교훈을 얻고 이를 교정하기보다는 기억 상실을 통해 다시금 비윤리적 행동을 하고, 이는 또 다른 비윤리적 행위로 이어지게 된다. 이것이 바로 세상 어디서나 비윤리적 행동이 계속해서 반복적으로 일어나는 이유이다.

이미 저질러버린 비윤리적 행동에 대해서는 괴롭겠지만 그에 대한 성찰의 시간을 가져야 한다. 자신을 성찰하겠다는 마음가짐과 그에 대한 의식적 실천은 자신의 비윤리적 행위에 대한 기억을 생생하게 만들어준다. 성찰을 통해 생긴 생생한 기억은 자신의 행위에 부끄러움을 느끼고 반성하게 만들며, 마침내 그 행동을 바로잡게 만드는 교훈을 줄 수 있다. 이것이 맹자가 말한 '수오지심羞惡之心'이다.

17

비도덕적 행위가 정당한 것으로 둔갑하다: 도덕성의 분리

사실 우리에겐 두 가지 종류의 도덕이 나란히 존재한다. 하나는 입으로 외치며 실천하지 않는 것이고, 다른 하나는 실천하지만 좀처럼 외치지 않는 것이다.

– 버트런드 러셀Bertrand Russel, 영국의 수학자이자 철학자

'도덕성의 분리moral disengagement'란 자신이 저지른 비도덕적 행동이 덜 비도덕적으로 보이도록 실재reality를 재구조화해서 정당한 것으로 둔갑시키는 행위를 말한다. 도덕적 기준을 바꾸는 것이 아니라 도덕적 기준과 자기 행동을 분리하는 것이다.[51] 이러한 분리를 통해 자신이 저지른 비도덕적 행동으로부터 도덕성을 제거하고, 비도덕적 행동에 대한 책임을 회피한다.

즉 도덕성의 분리란 특별한 상황에서 자신에게는 보편타당한 윤리적 기준이 적용되지 않음을 스스로 확신시키는 과정을 말한다. 도덕성 분리의 기제mechanisms는 여덟 가지로 설명할 수 있다.

이 중 처음 세 가지는 비도덕적 행위 자체에 관한 것이고, 그다음 한 가지는 행위의 결과, 그다음 두 가지는 행위의 책임, 그리고 나머지 두 가지는 비도덕적 행위의 피해자와 관련된 것이다.

도덕적 정당화-도덕성 분리 기제①

사람들은 언제 가서야 자연을 정복하고, 굴복시키고, 제압하고, 폭행하고, 파괴하는 일을 그만둘 것인가.
– 라인홀트 메스너Reinhold Messner, 이탈리아 산악인

'도덕적 정당화moral justification'란 보다 큰 가치를 위해 자신의 비도덕적 행위는 불가피한 것이었다고 재구조화하는 것을 말한다. 재판정에서 위증하는 이유를 조직을 지키기 위한 행동이라고 정당화하는 것을 예로 들 수 있다. 전쟁과 같은 특별한 상황에서 민간인 학살을 대의를 위한 불가피한 행위로 포장하는 것도 마찬가지 경우이다. "이렇게 하지 않았으면 더 큰 일이 발생할 수도 있었어, 잘한 일이야"라면서 자신의 비도덕적 행위를 정당화한다.

후손을 위해 아름다운 자연을 물려주자는 당위적 주장과는 달리 자연 파괴 행위를 문명의 진화를 위한 불가피한 행동으로 포장하는 것도 이에 해당한다. 사실 인류의 자연 파괴는 문명의 역사와 함께 시작되었다. 식량 증산을 위한 산림 벌채, 관개를 위한

댐 건설과 수로 설치, 문명의 진화를 위한 지하 및 해저 개발, 주거환경을 위한 도로 및 도시 건설 등이 사실상 자연의 변형과 파괴, 환경오염, 그리고 생태계의 균형 파괴를 가져왔다.

전 세계적으로 자행되고 있는 명예살인honor killing도 도덕적 정당화의 예다. 명예살인은 가족, 부족, 공동체의 명예를 더럽혔다는 이유로 조직 내 구성원을 법 절차 없이 살해하는 행위다. 자신이 속한 공동체의 명예를 지킨다는 것이 명분이다. 법보다 우위에 있는 관습이다.

이슬람 문화권이나 인도, 파키스탄, 아프가니스탄 등에서 여성을 대상으로 한 명예살인이 많이 발생하고 있지만, 명예살인이 가장 심각한 나라는 유럽의 알바니아로 알려져 있다. 알바니아에는 '카눈Kanun'이라는 관습법이 있다. 카눈의 원칙은 "피는 피로써 값을 치른다"이다. 한 집안의 누가 폭행을 당하면 폭행당한 가문의 모든 남자는 피의 복수를 해야 할 의무를 지닌다. 복수는 다시 복수를 낳고 그렇게 어느 한 집안이 몰살당할 때까지 명예살인은 이어지게 된다.

우리도 조선시대에 '도모지塗貌紙'라는 명예살인 관습이 있었다. 움직이지 못하게 몸을 묶고 물을 묻힌 한지를 얼굴에 겹겹이 발라 질식사시키는 사형 방식으로, 중대한 패륜 행위로 집안이나 문중에 매우 큰 해악을 끼치거나 역모에 관련돼 멸문지화를 초래한 경우에 가문의 수치를 씻기 위해 사적으로 시행된 처벌이었다.

유리한 비교-도덕성 분리 기제②

'유리한 비교advantageous comparisons'란 어떤 행동을 더 비윤리적인 다른 행동과 비교함으로써 그 행동이 다른 행동에 비해 긍정적이게 보이도록 하는 인지 교란 전략이다. 정치인이 자신의 위법 사실을 변호하기 위해 역대 정권이나 다른 정치인의 위법 사실을 제시하는 것도 이에 해당한다. "히로시마와 나가사키에 원자폭탄을 투여함으로써 민간인 희생은 있었지만, 그래도 이 때문에 지긋지긋한 전쟁이 끝날 수 있었고, 더 많은 미국인의 목숨을 살리게 된 것이야"라는 식의 비교 표현으로 원폭 투하의 유해성을 은폐하는 것도 그 예로 들 수 있다. 사실 그 당시 원폭을 투하했던 B-29 조종사들은 그 후 오랫동안 트라우마에 시달렸다고 한다.

나의 비도덕적 행위와 비교할 수 있는 최악의 사례는 얼마든지 찾을 수 있다. 그리고 내 행동이 최악의 사례보다 덜 비윤리적일 가능성은 매우 크다.

완곡어법으로 사실 은폐하기-도덕성 분리 기제③

'완곡어법euphemism'은 비윤리적 행위를 미사여구로 에둘러 표현함으로써 그 크기를 줄이거나 희석하는 전략을 말한다. 예를 들어, 청탁을 위해 공무원에게 뇌물을 주는 상황을 가정해보자. 뇌물을 주는 사람은 종종 자기기만self-deception을 통해 윤리적 문제를 덮는다. "우리는 뇌물을 주는 게 아니라 고생하는 공무원들에게 기부하는 것이야", "일이 순조롭게 돌아가도록 작은 성의를 표시한 것뿐이지"라는 식으로 수사학적으로 완곡하게 표현함으로써 자신들의 비윤리적 행위를 감추고 정당화한다. 이는 현실을 왜곡하고 초점을 흐리는 언어의 유희적 사용일 뿐이다.

나치는 고문을 '강력 심문', 체포를 '자진 출두', 살해를 '특별조치'라 불렀다. 이런 식으로 나치는 언어 조작을 통해 사람들의 머릿속에서 '유해한 것은 유해한 것'이라는 지극히 상식적인 인식 자체를 지워버렸고, 자기들 자신과 지지자들에게 자신들이 하는 일이 무조건 옳다는 맹목적 확신을 주입시켰던 것이다.[52]

2021년 12월 23일 미국의 조 바이든 대통령은 중국 신장 지역에서 생산된 제품의 수입을 원칙적으로 금지하는 '위구르족 강제 노동 금지법'에 서명했다. 현재 중국 정부는 이슬람교를 믿는 수백만 명의 위구르족을 신장 지역 외곽의 수용소에 격리하고 공장에서 노역을 강제하는 노예노동을 자행하고 있다는 비난을 받고 있다. 이러한 비판에 대해 중국 정부는 "지난 6년간 매년 130만 명에게 직업 훈련을 한 것"이라고 주장하고 있다. '노예노동'이 '직업훈련'으로 완곡하게 순화된 것이다.

2022년 2월 24일 러시아는 우크라이나를 전면 '침공'했다. 하지만 푸틴Vladimir Putin 러시아 대통령은 이번 침공을 우크라이나 정권으로부터 유린과 학살을 당하고 있는 돈바스* 주민들을 보호하기 위한 '특별군사작전special military operation'이라고 불렀다. 대다수 세계인의 시각(침공)과 푸틴의 시각(특별군사작전)이 이 두 말의 차이만큼 다르다.

결과의 왜곡─도덕성 분리 기제④

'결과의 왜곡distortion of consequences'이란 잘못된 행동으로 인한 나쁜 결과의 크기를 최소화하거나 무시함으로써 비난을 피해가려는 전략이다. 자신의 잘못된 행동이 남에게 별 해를 끼치지 않았다고 왜곡하는 것이다. "그거? 별거 아니야"로 대변되는 현상을 말한다.

---

* 돈바스 지역은 우크라이나 동부와 러시아 남동부가 만나는 우크라이나 동부 도네츠크주와 루간스크주를 말한다. 옛 소련 시절, 공업화를 명목으로 러시아인 200만 명이 집단 이주한 지역이다. 2014년 3월 러시아가 크림반도Crimea를 합병하자 돈바스 지역 러시아인들도 분리주의 운동을 시작했다. 유엔은 러시아의 크림반도 합병을 승인하지 않고 있다.

코로나19로 극심한 고통을 겪는 전 세계에서 중국에 대한 분노와 원망이 높아진 가운데, 중국은 '우리는 코로나19를 세계에서 가장 빠르게 극복했다'는 성과를 과시하면서, 〔자신들의〕 초기 방역 실패의 교훈은 망각으로 밀어 넣으려 한다. 코로나19의 진상 규명도 그렇게 또 하나의 금기어가 되어가고 있다. 중국은 세계를 향해 '코로나는 우리 책임이 아니고, 우리는 승리했다'는 서사를 강요하고 있다.[53]

언어폭력은 물리적인 상처 없이 심리적, 사회적으로 대단히 파괴적인 영향을 미친다. 특히 SNS의 발달로 누구든 시간과 장소에 구애받지 않고 특정인에 대해 언어폭력을 가할 수 있다. 그런데 많은 경우, 가해자는 자신의 언어폭력이 피해자에게 어떠한 부정적 영향을 미칠지 모르는 경우가 많다. 그들은 자신들의 게시물을 누가 읽는지, 게시물을 읽는 사람이 피해자와 어떤 관계인지 등을 알지 못한다. 자기 게시물이 미칠 연쇄적인 영향을 확인할 수 없으므로 자신의 해로운 행위가 어떠한 결과를 낳을지 별로 심각하게 생각하지 않는다. 언론의 자유, 표현의 자유라는 명분으로 많은 배설물이 가상공간에 난무하지만, 가해자는 자신이 행한 언어폭력의 결과를 왜곡하거나 과소평가하기 쉽다. 사람들은 장난으로 개구리에게 돌을 던지지만 맞는 개구리에게 그 돌은 죽음까지 부를 수 있는 재앙이 된다.

책임 전가—도덕성 분리 기제⑤

'책임 전가displacement of responsibility'란 비윤리적 행위에 대한 책임을 다른 이에게 돌림으로써 자신에 대한 비난을 최소화하는 전략이다. 상사가 그렇게 하라고 지시했기 때문에 할 수 없이 한 것이라며 비난의 책임을 상사에게 돌리는 식이다. 고문 경찰이나 전쟁터에서의 양민 학살자가 자신은 상사의 명령을 따랐을 뿐이라고 변명하는 것도 그 일례다.

1961년 4월 11일 이스라엘 예루살렘에서는 세기의 재판이 열렸다. 나치 전범 아돌프 아이히만Adolf Eichmann에 대한 공개 재판이었다. 아이히만은 나치 독일의 친위대SS 중령으로 계급은 그다지 높지 않았지만, 유대인 축출 및 학살의 실무 책임자였다. 그는 나치 독일의 보안성 장관이었던 라인하르트 하이드리히Reinhard Heydrich의 직접 지시를 받고 600만 명의 유대인을 아우슈비츠로 이송하여 홀로코스트로 알려진 인종학살을 실행한 실무 총책임자였다. 전쟁 후 미군에 체포됐지만 포로수용소에서 탈출한 아이히만은 1950년 가짜 여권으로 아르헨티나로 도피하여 '리카르도 클레멘트'라는 가명으로 살았다. 하지만 1960년 5월 이스라엘 정보기관 모사드Mossad에 의해 체포돼 이스라엘에서 공개 재판을 받은 후 1962년 6월 1일 교수형에 처해졌다.

아이히만은 재판과정에서 자신은 상관인 하이드리히가 시킨

대로만 했을 뿐이라며 전혀 잘못한 것이 없다는 태도로 일관한다. 재판 당시 그는 자신이 유대인을 박해한 것은 상부의 지시 때문으로 어쩔 수 없었다고 변명했으나 받아들여지지 않았다. 이 재판과정을 지켜보던 한나 아렌트Hannah Arendt는 수많은 학살을 자행한 아이히만이 매우 평범하다는 점을 발견한다. 아주 사악하고 악마적인 인물일 거라는 세간의 생각과는 매우 달랐다. 한나 아렌트는 이를 '악의 평범성banality of evil'이라고 표현했다.

한나 아렌트는 아이히만이 유죄인 이유를 다음과 같이 표현했다. "다른 사람의 처지를 생각할 줄 모르는 생각의 무능은 말하기의 무능을 낳고 행동의 무능을 낳는다", "그는 아주 근면한 인간이다. 그리고 이런 근면성 자체는 결코 범죄가 아니다. 그러나 그가 유죄인 명백한 이유는 아무 생각이 없었고, 바보였기 때문이다."[54] 즉 아이히만이 유죄인 이유는 무사유sheer thoughtlessness, 즉 비도덕성을 보고도 이에 대해 아무 생각이 없었기 때문이다.

사형이 집행되고 난 후 밝혀진 사실이지만 법정에서의 그의 발언과 행위는 모두 연기였다. 그는 청년 때부터 나치에 입당한 지독한 반유대주의자로, 나치 지도부가 그에게 유대인 학살 임무를 준 것도 나치에 대한 그의 강한 충성심 때문이었다.

한편, 아이히만 재판에서 영감을 얻은 심리학자 스탠리 밀그램Stanley Milgram은 '복종 실험'이라 불리는 밀그램 실험Milgram experiment*을 통해 부당한 명령이라고 해도 한 번 받아들이면 비판 없이 그 부당한 명령을 수행하게 된다는 결과를 얻었다.[55] 즉 세상에 악이 존재하는 것은 인간의 도덕성이 모자라서가 아니라, 인간의 가치와 권리를 억압하는 사회적, 정치적 구조악構造惡에 대한 저항이 없기 때문이라는 사실이 실험으로 밝혀진 것이다.

책임 분산-도덕성 분리 기제⑥

'책임 분산diffusion of responsibility'은 잘못된 행동의 책임을 다수에게 분산시킴으로써 자신의 비윤리적 행위에 대한 비난을 공동의 책임으로 돌리거나 그 책임 소재를 불분명하게 만드는 전략이다. 시험에서 부정행위를 할 때 "다른 학생들도 다 하는 건데" 하면서 자신의 비윤리적 행위에 대해 스스로 면책권을 부여하는 식이다.

---

* 스탠리 밀그램이 1961년 예일대학교 심리학과 조교수로 재직할 때 수행한 '권위에 대한 복종'에 관한 실험으로, 평범한 인간이 권위에 복종해 얼마나 잔혹해질 수 있는지를 보여주었다. 밀그램은 이 실험의 결과를 1963년 〈복종에 관한 행동 연구Behavioral Study of Obedience〉라는 논문으로 발표했는데, 해당 실험의 연구윤리 문제가 불거져 미국 심리학회로부터 1년간 자격정지 조치를 받았다. 또 이 실험으로 인해 자신이 박사학위를 받고 1963~1966년 당시 조교수로 있던 하버드대에서 1967년 종신 임용에 탈락하여, 이후 뉴욕시립대학교에서 연구를 이어가게 된다.

공군 부사관 사망 사건의 지휘 라인 책임자는 6명이다. 대대장·단장(각 2명), 참모총장, 국방부 장관. 이들은 여군 이모 중사가 지난 3월 2일 성추행을 당한 뒤 5월 21일 극단 선택을 하기까지 어떠한 실효적 조치도 취하지 않았다. 비극을 막을 수 있었던 책임자는 2명 더 있다. 공군 양성평등센터장은 3월 5일 이 중사 성추행 사실을 알았음에도 국방부 훈령·지침을 어기고 4월 6일에야 국방부에 보고했다. 국선변호를 맡았던 공군 법무관은 3월 9일 선임이후 한 번도 이 중사를 면담하지 않았다. 사건을 취재하면서 8명 중 단 1명만이라도 맡은 책임을 다했더라면 이 중사는 죽지 않았으리란 생각이 들었다. 그렇지만 누구도 이 중사 죽음에 진심으로 책임지려는 모습을 보이지 않는다. 관련자가 많아 책임감이 분산된 탓이다.[56]

또한 '모두의 책임'이라는 것도 참 무책임한 말이다. 이 말은 결국 '누구의 책임도 아니다'라는 뜻이다. 리더가 해서는 안 될 말 중 하나이다. 책임을 불특정 다수에게 분산시켜 나중에는 아무도 그 일에 책임지려 하지 않기 때문이다.

리더는 자신이 결정한 일은 물론, 권한을 위임해서 부하직원이 결정하고 실행한 일에 대해서도 최종적인 책임을 져야 한다. 모든 결정에는 위험이 따르고, 위험 부담은 리더의 몫이기 때문이다. 리더가 구성원들이 행한 일에 전적으로 책임지고자 할 때 구성원

들이 리더를 믿고 그를 위해 일하고자 하는 '으샤으샤' 분위기가
만들어질 수 있다.

피해자의 비인간화−도덕성 분리 기제⑦

유대인들은 하나의 인종인 것은 틀림없으나 인간은 아니다.

– 아돌프 히틀러Adolf Hitler

'피해자의 비인간화dehumanizing the victim'는 위에 인용한 히틀
러의 말로 대신할 수 있다. 이는 피해자가 인간으로서의 특성이
부족하거나 없기 때문에 그런 식으로 취급하는 게 당연하거나 합
리적이라고 여기는 것으로, 자신의 비윤리적 행위에 대한 사람들
의 초점을 흐리게 하려는 전략이다.

피해자의 비인간화 전략은 인종차별주의자들에게 특히 만연해
있다. 인종차별적 행동을 하더라도 피해자를 비인간화함으로써
자신들을 도덕적 책임에서 벗어나게 할 수 있기 때문이다. 코로
나19 사태 이후 서구 사회에서 아시아인들에 대해 보이는 증오심
과 폭력적 행위가 가장 비근한 사례가 될 것이다. 그들은 중국인
들이 코로나바이러스를 퍼뜨린 원인 제공자이기 때문에(인간이 먹
을 수 없는 야생동물을 섭취해서 바이러스를 퍼트렸기 때문에) 자신들의
행위는 정당하다고 주장한다. 이렇듯 인종차별주의자들은 자신

들이 남을 차별한다는 것을 인지하지 못하면서 특정 인종을 차별하는 위선hypocrisy을 보인다.

미국 역사상 최악의 인종 폭력 사건으로 평가되는 '털사 인종 대학살Tulsa Race Massacre'은 1921년 5월 31일부터 6월 1일까지 미국 오클라호마주 털사시에서 벌어졌다. 백인 폭도들이 화기를 동원해 흑인들의 거주지였던 그린우드 구역을 습격해 수백 명의 흑인을 살해한 사건이다. 당시 19세의 딕 롤랜드라는 흑인 남성 구두닦이와 엘리베이터 안내원으로 일하던 17세 백인 여성 사라 페이지가 함께 엘리베이터를 타게 되었다. 낡은 엘리베이터가 흔들리면서 몸의 균형을 잃은 롤랜드가 옆에 서 있던 사라와 부딪혔고 놀란 사라는 소리를 질렀다. 이에 주변 백인들이 롤랜드가 사라를 공격하려 했다고 오해해 그는 결국 기소되었다. 그 와중에 롤랜드는 백인들로부터 끔찍한 폭행을 당했고 사라는 롤랜드가 무고하다며 풀어주라고 호소했지만 그들은 그녀의 말을 듣지 않았다. 이 사건이 일어난 이후 흑인 청년이 백인 여성을 성폭행하려 했다는 소문이 퍼지면서 분노한 백인들이 그린우드를 습격했다. 'KKKKu Klux Klan' 같은 백인 우월주의자들이 공격을 주도했고, 털사의 백인 경찰까지 가세했다. 당시 오클라호마주 대배심은 이 사건을 촉발한 직접적인 원인으로 롤랜드를 보호하려던 흑인 남성 무리를 지목했다. 하지만 오클라호마주 조사위원회가 2001년 이 사건은 백인 폭도들에 의해 자행됐다는 조사 결과를 보고하면서 80년 만에 사건의 진상이 확인됐다. 2021년 6월 1일 조 바이든 미국 대통령은 오클라호마주 털사시를 방문했는데, 역대 미국 대통령 중 사건 현장에 방문한 것은 이때가 처음이었다.[57]

다른 예로 퓨리서치센터Pew Research Center에서 진행한 여론조사 결과를 보자.[58] 아시아계 미국인 성인 중 45퍼센트가 코로나19 사태 이후 다음 다섯 가지 구체적 위협 사건 중 적어도 하나 이상을 경험했다고 밝혔다. 누군가 자신에게 위협이나 폭력을 가할 것 같은 두려움을 느낀 경우(32퍼센트), 누군가 자신이 근처에 있다는 사실만으로 불편함을 나타낸 경우(27퍼센트), 누군가로부터 인종차별적 농담이나 인종과 관련해 비방하는 말을 들은 경우(27퍼센트), 너희 나라로 돌아가라는 식의 말을 들은 경우(16퍼센트), 코로나19 사태가 너희 때문이라는 식의 말을 들은 경우(14퍼센트) 등이다. 미국에서 아시아인에 대한 공격이 증가하고 있다고 답한 응답자들이 그 이유로 가장 많이 꼽은 것은 도널드 트럼프 전 대통령의 인종차별적이고 집단 따돌림적인bullying 발언이었다. 응답자의 20퍼센트가 코로나19를 '중국 바이러스Chinese flu'나 '쿵 플루Kung flu'로 부른 트럼프가 아시아계 미국인에 대한 '증오 프레임'을 강화했다고 지적한 것이다.

비난의 화살 돌리기—도덕성 분리 기제⑧

경제적·사회적 불평등은 그것들이 사회 전체, 특히 사회에서 가장 혜택을 받지 못하는 구성원들에게 이득이 될 때만 정당화된다.

— 존 롤스John Rawls, 《정의론A Theory of Justice》

'비난의 화살 돌리기attribution of blame'는 피해자가 오히려 그 일을 원했거나 그 일을 자초했다고 주장함으로써 피해자에게 잘못된 행동의 책임을 돌리는 것을 말한다. 피해자에게 비난의 책임을 덮어씌우는 전략이다. "여자들이 성추행당하는 이유는 그들이 그렇게 하도록 행동했기 때문이야", "그 사람이 나를 그렇게 하도록 만들었어"와 같은 반응을 예로 들 수 있다.

'공정한 세상 오류just-world fallacy'라는 인지 편향이 있다. '세상은 공정하기 때문에 선한 행위는 보상받고 나쁜 행위는 벌을 받는다'라는 단순 논리의 믿음이다. '그럴 만한 짓을 했으니 그런 불행이 닥친 거야'라면서 가해자보다는 오히려 피해자를 비난한다. '세상은 공정한 곳이므로 관련 당사자가 아무 짓도 하지 않았다면 그런 일은 절대로 일어날 수 없다'라고 믿는 그릇된 신념이다. 문제의 본질을 보기보다는 오히려 피해자가 그 일을 자초했다며 피해자를 비난하게 된다. 그 결과 가해자가 피해자로 둔갑하거나 선악이 뒤바뀌는 기현상이 일어나게 되는 것이다.

실제로 우리나라에서 거리 노숙인은 1990년대 중후반 경제위기를 거치면서 양극화가 심해지는 시점부터 본격적으로 늘어나기 시작했다. 노숙의 원인에 대한 연구들의 논의에 비추어 볼 때 우리나라는 노숙인의 발생을 야기하는 구조적 취약성이 매우 심각하다. 노숙인이라는 사람이 따로 있지 않다. 노숙이라는 상황에 처한 시민이다. 우리나라의 빈곤, 주택, 사회복지의 취약성 정도를 살펴볼 때, 노숙은 '상당히' 많은 시민에게 닥칠 수 있는 상황이다. 그 시민이 노숙을 원하느냐의 문제가 아니다. 내일의 노숙인은 오늘의 나일 수도 있다. 노숙인 대 시민이라는 이해관계의 충돌 혹은 대립 구조로 사고하는 것은 곤란하다. 특히 행정의 책임을 맡은 공공이 취약계층을 낙인화하면서 일반시민과 이간질하는 방식으로 활동해서는 안 된다.[59]

공정한 세상 오류에 빠진 사람들일수록 피해자에게 책임을 묻는다. 극빈층, 성폭력 피해자, 노숙자, 실업자, 장애인, 특정 질환자들을 색안경을 끼고 보면서 그들 자신이 불행의 원인 제공자라고 믿는 것이다. 하지만 우리는 언젠가 우리 자신도 그 '불행의 원인 제공자'가 될 수 있다는 사실을 기억해야 한다.

도덕적 인간이 오히려 나쁜 사회를 만든다: '도덕 면허'라는 이율배반적 심리

도덕성을 획득했다고 생각하는 바로 그 순간부터 일이 급격히 틀어질 수 있다. 가혹한 역설이지만 스스로 타의 모범이 될 만하다는 생각이 모범적일 수 없는 행동들을 낳는다.

― 로랑 베그Laurent Bègue, 프랑스의 사회심리학자

'도덕 면허moral licensing'는 'I deserve it!'이라는 표현으로 대변될 수 있다. 즉 '나는 그래도 돼, 나는 그럴만한 자격이 있어!'라는 말이다. 도덕 면허란 자신은 과거에 도덕적인 일을 했기 때문에 지금 도덕적이지 못하거나 과거와는 다른 일관성 없는 행태를 보여도 괜찮다고 스스로에게 면죄부를 주는 이율배반적인 심리 상태를 말한다.[60]

성평등을 외치고 사회적 불평등을 없애기 위해 활동했던 사람들이 자신들이 추구해온 가치를 스스로 무너뜨리고, 민주화를 위해 투쟁했던 사람들이 마치 면책특권을 가진 것처럼 자신들이

그토록 증오했던 비민주적인 행동을 아무 거리낌 없이 행하곤 한다. 독재를 증오하던 사람이 독재자가 되거나 공정, 정의를 외치던 사람이 언제 그랬냐는 듯이 불공정과 진영논리에 자신을 가둔다.

독재와 싸운 이력도 매력적이었다. 그[무리요]는 미국을 등에 업고 46년간 권력을 이어온 아나스타시오 소모사 정권의 독재에 반대하는 투쟁을 하다 오르테가를 만나 결혼했다. 1979년 7월 검은색 베레모를 쓰고 어깨에 소총을 멘 채 좌익 무장단체인 산디니스타 민족해방전선 사령관들과 함께 있는 사진은 화제를 모았다. 하지만 한때 혁명가였던 이들 부부는 2007년 재집권 이후 국제사회의 우려를 키웠다. 무리요는 정부 대변인 역할을 하며 국가 중대사에 관여했고, 오르테가는 2014년 재임 횟수 제한을 철폐하는 개헌안을 통과시켜 종신 집권의 교두보를 확보했다. 2016년 대선에서는 무리요를 부통령 러닝메이트로 지명해 "새 왕조를 만들려 한다"는 비판을 받았다. 무리요가 부통령이 된 뒤 니카라과의 민주주의는 더 위태해졌다. 정부와 군, 언론을 완전히 장악하고 정부를 비판하는 이들에겐 관용이 없는 모습을 보였다.[61]

도덕 면허는 두 가지로 나눌 수 있다. 하나는 '도덕 저축moral credits'이고, 다른 하나는 '도덕 자격증moral credentials'이다.

성인聖人과 죄인罪人 사이의 유일한 차이는 모든 성인에게는 과거가
있고, 모든 죄인에게는 미래가 있다는 점이다.

– 오스카 와일드Oscar Wilde, 아일랜드 극작가·시인·소설가

도덕 저축

도덕 저축은 과거의 선한 행동이 저축처럼 마음의 계좌에 쌓
여, 계좌에 쌓인 선한 행동만큼 비도덕적 행동을 죄책감 없이 하
는 것을 말한다.[62] 마치 은행 계좌에 돈이 남아 있으면 그만큼은
쓸 수 있는 것처럼 과거에 행한 선한 행동의 양이 지금의 비도덕
적 행위의 양보다 크면 지금의 비도덕성에 면죄부를 줄 수 있다
는 말이다. 이는 개인뿐만 아니라 기업이나 조직에도 해당한다.

마거릿 오미스톤Margaret Ormiston과 일레인 웡Elaine Wong은 〈포
춘〉지 선정 글로벌 500대 기업을 대상으로 기업의 사회적 책
임CSR: corporate social responsibility과 사회적 무책임CSiR: corporate
social irresponsibility 사이의 관계를 조사한 바 있다.[63] 그 결과는 많
은 사람의 기대와는 달랐다. 사회적 책임에 많이 투자한 기업들
이 오히려 무책임한 행동을 하는 것으로 나타났다. 과거 선행이
나 도덕적 행동을 한 개인이 도덕적 자만심이 커져 나중에 비도
덕적 행위를 해도 그것에 대한 죄책감이 희석되듯이, 기업도 마찬

가지였다. 사회적 책임에 대한 투자가 도덕성에 대한 자기 이미지를 강하게 만들어, 지금까지 사회를 위해 이 정도 기여했으니 '이 정도 비도덕적 행위는 괜찮겠지' 하는 자기합리화, 자기정당화의 방편으로 사용될 수 있기 때문이다. 지금까지 사회를 위해 기부도 많이 하고 착한 일도 많이 했기 때문에 '이 정도 나쁜 일이야 괜찮겠지' 하는 보상심리가 발동하여 결국 자신에게 관대해지고, 오히려 사회적으로 무책임한 행동을 죄책감 없이 하는 결과를 낳게 된다. 도덕 저축이 개인뿐만 아니라 기업에도 적용됨을 보여주는 사례이다.

도덕 세탁

도덕 저축과는 반대되는 개념으로 '도덕 세탁moral cleansing'이 있다. 이는 과거에 쌓은 악행을 상쇄하기 위해 의식적으로 선한 행동을 하는 것을 말한다.[64] 조선시대 세조가 왕위를 찬탈하기 위해 조카를 죽인 업보를 씻으려고 말년에 불교에 귀의한 것이나, 미국의 철강왕 카네기Andrew Carnegie와 석유왕 록펠러John Rockefeller가 노동착취, 매점매석, 공직자 매수, 독점 같은 그동안 부富를 쌓기 위해 행한 비도덕적 행위를 상쇄하려고 말년에 사회공헌 재단이나 도서관, 대학 등을 설립하며 자선사업에 몰두한 것도 도덕 세탁으

로 설명할 수 있다. 카네기가 설립한 카네기멜론대학교와 록펠러
가 세운 시카고대학교는 글로벌 명문 대학으로 자리 잡고 있다.

도덕 자격증

도덕 자격증은 도덕 저축보나 더 심각하다. 도덕 저축의 경우에
는 계좌에 있는 잔액만큼만 뻔뻔스럽다. 하지만 도덕 자격증은 마
치 의사나 변호사 자격처럼 일단 취득했다고 스스로 인지하면 자
격증 취득 이후부터는 말이나 행동에 있어서 모든 것이 면책되는
듯한 착각에 빠져버린다.

2008년 11월 미국 대선에서 아프리카계 미국인으로는 처음으
로 민주당의 버락 오바마가 공화당의 존 맥케인John McCain을 큰
표 차이로 따돌리고 미국 대통령에 선출되었다. 대선 전 미국 유
권자를 대상으로 수행한 한 실험에서 오바마를 지지한다고 표명
했던 사람들이 나중에는 오히려 흑인보다 백인을 차별적으로 지
지하는 행태를 보였는데, 이러한 행태에 대해 자신이 인종차별적
으로 보일지 모른다는 우려도 적게 한 것으로 나타났다.[65] 오바
마에 대한 지지 표명이 자신의 후속적인 인종차별적 행태에 면책
효과를 주고, 이로 인해 흑인보다 백인에게 더 우호적인 태도를
보인다는 이 실험 결과도 도덕 자격증으로 설명될 수 있다.

도덕 자격증을 취득했다고 착각하는 사람들은 말과 행동에 거리낌이 없다. 자신을 고승이나 종교 지도자의 반열에 올려놓는다. 고승이나 종교 지도자의 일탈 행위에는 범부凡夫가 이해할 수 없는 큰 뜻이 숨어 있다고 믿는 것처럼 말이다.

도덕적 인간이 오히려 나쁜 사회를 만든다

'도덕적 인간이 오히려 나쁜 사회를 만든다'라는 역설적 명제가 있다. 이러한 역설의 근거가 바로 도덕 면허 현상이다. "나는 이미 충분히 도덕적이기 때문에 덜 도덕적인 행동을 해도 괜찮다"고 하면서 부도덕한 행동에 대한 책임을 스스로 덜어버리는 도덕 저축 현상, "나는 이미 누구보다 높은 도덕적 경지에 올라 있다"고 하며 자신을 '도덕'이라는 브랜드로 포장하는 도덕 자격증 현상 등으로 인해, 도덕성을 발판으로 높은 사회적 위치나 권력에 오른 사람들이 자신의 권한을 이용해 오히려 불공정하고 부도덕한 사회를 의도치 않게 만들 수 있다는 것이다. 도덕 면허가 위험한 이유는 자신은 도덕 면허를 취득했다는 자기 최면적 착각이 무의식적으로 훅 치고 들어와 모순적 생각과 행동을 아무렇지도 않게, 아무 죄책감 없이 저지를 수 있기 때문이다.

도덕 면허는 비도덕적 행위를 하는 사람뿐만 아니라 그 행위를 관찰하는 제3자에게도 적용된다.[66] 예를 들어, 제3자인 관찰자가 행위자의 사회경제적 지위가 높다는 이유로 그의 나쁜 행동을 우호적으로 해석하거나, 혹은 반대로 그의 지위가 낮다는 이유로 그 행동에 대해 동정심을 보일 수 있다는 것이다. 이러한 연구 결과는 우리 사회에서 범법자의 사회경제적 지위 혹은 범법자가 속한 사회 집단에 대한 고정관념이 국민참여재판에 참여하는 배심원들의 처벌 판단에 영향을 미쳐 객관적인 법적 판단에 걸림돌이 될 수 있음을 의미한다.

도덕 자격증은 기업에도 적용된다. 실제로 비윤리적 행동을 줄일 목적으로 윤리경영 시스템을 도입한 조직의 경우, 구성원들은 자신도 모르게 자신들의 도덕적 책임이 이 시스템에 의해 면제된 것으로 착각하고, 의사결정을 내릴 때 윤리성보다는 다른 측면에 초점을 맞추는 경향이 있게 된다.[67] 윤리경영 시스템의 도입 자체가 마치 윤리경영 자격증이라도 되는 것처럼 착각하게 만들어 구성원들의 자발적인 도덕적 판단 능력과 동기를 오히려 약화시킬 수 있다는 것이다.

기업, 공공기관, 학교 등 많은 조직에서 윤리규정, 윤리교육, 규정 준수 프로그램, 내부감사제도 등 큰 노력을 기울여 구성원들의 윤리의식을 고취하고자 한다. 하지만 이러한 노력에 들이는 시간과 비용에도 불구하고 조직에서 관찰되는 비윤리적인 행위는 오히려 증가추세에 있다. 왜 그럴까? 이는 스스로 깨닫지도 못한 사이에 우리의 눈을 가리는 인간의 여러 가지 인지 편향을 고려하지 않았기 때문이다.

현재의 주입식 윤리경영 프로그램은 오히려 구성원들의 세뇌교육에 대한 불신, 윤리성의 정치화, 윤리적 판단 능력의 쇠퇴 등 여러 부작용을 낳을 수 있고, 비윤리적 행동을 막겠다는 원래 취지마저 퇴색시킬 수 있다. 그렇기 때문에 '잘못된 행동을 고치자', '하지 말아야 할 것을 하지 말자'는 식의 설교조 윤리경영 프로그램보다는 부지불식간에 일어날 수 있는 비윤리적 판단이나 행동의 원인을 알려주고, 이해시키고, 이를 통해 자신의 비윤리적 행동을 스스로 교정할 수 있도록 하는 윤리교육이 필요하다.

감시나 제재 장치만으로는 조직의 윤리의식을 개선하기 힘들다. 조직의 비윤리적 행위를 무의식적으로 초래할 수 있는 인간의 인지 편향과 잘못된 인센티브 시스템을 인지하고, 모든 의사결정이 가져올 수 있는 윤리적 함의를 주의 깊게 관찰할 필요가 있다. 이를 살피지 않는다면, 우리가 개인이나 조직 생활에서 없애고자 노력하는 비윤리적 행위를 우리도 모르는 사이에 허락하거나 조장하기까지 할 수 있다.

의사결정을 내릴 때마다 다음 질문을 의식적으로라도 해보자. "과연 이 의사결정이 어떠한 윤리적 논란거리를 가져올 수 있는가?" 이 질문에 답하고자 하는 실천 노력이야말로 윤리적 의사결정을 우리 몸속에 체화시키는 첫 단계가 될 것이다.

3장

원칙이 바로 서는
좋은 의사결정의 기술 9

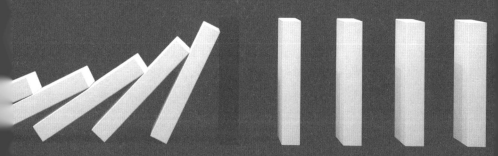

위기를 대하는 자세:
검은 백조와 회색 코뿔소 이야기

삼류 기업은 위기에 의해 파괴되고, 이류 기업은 위기를 이겨내며,
일류 기업은 위기로 인해 발전한다.

— 앤디 그로브Andy Grove, 인텔의 전설적 CEO

독자들은 지금까지 어떤 위기 상황을 겪어 보았는가? 전 세계 사
람들이 최근 2년 반 동안 겪고 있는 코로나19 팬데믹pandemic은
우리가 과거에 경험해보지 못한 위기 상황이다.* 좀더 과거로 돌
아가 지난 50년 동안을 돌아보면, 1970년대 발생한 두 차례의
오일쇼크, 1997년 외환위기, 2001년 9·11테러, 2003년 카드대
란, 2008년 글로벌 경제위기, 2013년 북한 리스크, 2021년 글로

---

* 물론 인류 역사에 기록된 최악의 팬데믹으로는 14세기 중세 유럽에 퍼져나
간 흑사병이 있지만 우리가 경험한 것은 아니다.

벌 공급망 위기, 그리고 2022년 우크라이나 사태로 인한 유가 폭등, 원자재 및 곡물 수급 불균형, 증시 하락 등 적지 않은 위기 상황이 있어 왔다는 것을 알 수 있다. 그렇다면 위기는 왜 발생하는가? 위기가 일어나는 이유는 두 가지로 압축된다. 하나는 과거의 행태가 미래에도 지속되리라 생각하는 인간의 안이한 타성(이것을 학자들은 '정상화 편향normalcy bias'이라고 한다) 때문이고, 다른 하나는 지속적인 경고로 인해 위기가 발생할 가능성이 크다는 것을 알면서도 '설마' 하는 마음에 우물쭈물하며 아무런 대비 없이 가만히 있기 때문이다. 이를 다르게 표현하면 전자는 '검은 백조 black swan(블랙스완)', 후자는 '회색 코뿔소gray rhino'이다.

우리는 일상에서 종종 '불확실한 미래'라든지 '불확실한 상황'이라는 표현을 쓰곤 한다. 하지만 '미래가 불확실하다'라는 말이 무슨 뜻인지 질문하면 그 뜻을 명확히 아는 사람은 드물다. 미래가 불확실하다는 말은 앞으로 발생할 사건이 둘 이상이고, 각 사건이 발생할 가능성을 하나의 숫자로 확실히 추정하기 힘든 것을 의미한다. 앞으로 일어날 사건이 단 하나라면 미래는 확실하고, 그 사건이 일어날 확률은 '1'이 된다. 하지만 내일 날씨가 흐릴지, 비가 올지, 맑을지는 불확실하고, 내가 시작한 사업이 시장에서 성공할지도 불확실하다. 내가 오늘 산 주식이 6개월 후 나에게 어떤 손익을 가져올지도 불확실하고, 내가 사들인 아파트의 시세가 5년 후 얼마가 될지도 불확실하다. 이처럼 불확실한 미래 상황의 예는 우리 주변에서 얼마든지 찾을 수 있다. 세상만사가 확실하다면 의사결정처럼 쉬운 일도 없다. 예를 들어, 어떤 주식의 가격이 반드시 오를 거라면 그 종목을 사면 될 것이다. 하지만 그 주식의 가격이 앞으로 어찌 될지 알 수 없는 노릇이기에 의사결정은 어려워지고, 투자전문가들은 여러 가지 파생상품을 이용하여 미래의 불확실성에 대비하고자 한다. 불확실성하에서 의사결정이 힘든 이유는 현시점에서 내린 의사결정의 결과를 통제할 수 없기 때문이다. 의사결정과 결과 사이에는 시간 간격이 존재하고, 그 시간 동안 내가 예상하지 못했거나 통제할 수 없는 환경의 변화는 일어난다.

점쟁이 전략과 우발사태계획

그래서 많은 사람이 답답한 마음에 점쟁이를 찾아가 자신이 해야 할 선택을 대신 해달라고 요청한다. 모든 직업에 특징이 있듯이 점쟁이도 공통된 특징이 있다. 점쟁이의 대표적 특징은 미래에 펼쳐질 일을 고객에게 확실하게 알려주는 것이다. 점쟁이를 찾아가 고민을 상담했더니 동쪽으로 가라고 한다. 그래서 그 말대로 동쪽으로 갔더니 일이 순조롭게 풀렸다. 이제 그는 족집게 점쟁이가 된다. 이처럼 점쟁이가 용하다는 말을 들으려면 불확실성이 없는 확실한 선택을 해줘야 한다. 하지만 이 세상에 신神과 같은 예지력clairvoyance을 가진 사람은 존재하지 않는다. 우스갯소리처럼 들리는 점쟁이 일화가 실제로 기업에서는 비일비재하게 일어난다.

예를 들어보자. 어떤 기업이 앞으로 맞닥트릴 상황이 A, B 두 가지라고 가정하자. 과거의 경험으로 보면 A라는 상황이 닥칠 가능성이 95%로 매우 높고, B라는 상황이 닥칠 가능성은 5%로 매우 희박하다. 이런 경우 석지 않은 경영자들이 족집게 점쟁이처럼 자신들에게 닥칠 상황은 A라고 단정하고, A에 대해서만 준비한다. 하지만 일어날 가능성이 높다는 것이 확실히 일어난다는 말이 아니듯 일어날 가능성이 희박하다는 것이 일어날 수 없다는 말은 아니다. A에 대해서만 준비했는데, 실제로는 B 상황이 일어난다면 어떻게 될까? "세상에 어찌 이런 일이", "하늘도 무심하시지" 하고 외치면서 그저 손 놓고 있을 뿐이다.

이렇듯 미래가 불확실할 때 발생 가능한 상황들을 확률적으로 다각화하지 못하고 한 가지 경우에만 집착하는 것을 '점쟁이 전략fortuneteller strategy'이라고 한다. 불확실성을 무시하거나 평가절하해 발생 가능성이 가장 크다고 생각되는 상황만을 고려해 판단을 내리는 것이다. 그런데 불확실성을 무시한 채 문제를 단순화할 뿐인 점쟁이 전략을 가능성이 가장 높은 미래 상황에 조직의 역량을 집중한다는, 소위 '선택과 집중'이라는 그럴듯한 말로 포장하기도 한다. 하지만 선택과 집중이라는 말은 불확실한 미래 상황에 적용되는 것이 아니다. 선택과 집중의 바른 의미는 다음과 같다. 개인이든 조직이든 각자 잘하는 분야가 있고 미흡한 분야도 있기 마련이다. 선택과 집중은 잘하는 곳에는 나의 자원과 역량을 집중하고, 미흡한 분야는 과감히 남과 전략적 제휴strategic alliance를 맺거나 아웃소싱을 하라는 것이다. 미래 상황에 선택과 집중을 적용하면 백전백패百戰百敗일 뿐이다. 우발적이거나 내 생각과 반대되는 상황이 발생할 경우 그에 대한 대책 마련이 어렵기 때문이다.

어떠한 조직이든 우발사태계획contingency planning을 수립하는 것이 중요한 것은 이 때문이다. 우발사태계획은 '위기관리'를 위한 것이다.* 현실적 위기 상황에 대한 신속한 초기 대응을 통해 피해 확산을 차단하고 조직을 정상 상태로 되돌리기 위함이다. 전 세계적으로 위기관리가 가장 잘된 나라는 일본이라고 한다. 자연재해가 심해 언제 어떤 일이 발생할지 모르기 때문에 모든 면에서 준비가 철저하기 때문이다. 다음 기사는 도요타Toyota의 신속한 위기관리의 예를 보여주고 있다.

2011년 3월 11일 일본 도호쿠 지방에서 발생한 대지진 당시 도

---

* '리스크관리risk management'가 바람직하지 않은 상황이 가급적 일어나지 않도록 예방하는 데 그 목적이 있다면, '위기관리crisis management'는 바람직하지 않은 상황이 일어났을 때 이를 정상으로 되돌리는 데 목적이 있다.

요타 자동차는 지진 발생 2시간 만에 생산·조달·판매·인사·총무 5개 부문의 비상대책팀을 구성했다. 이튿날에는 최고경영회의를 잠정 중단하고 현장 대응을 위한 의사결정 권한을 실무진에 대폭 위임한 '선先행동 후後보고 체계'로 전환했다. 또한 조달 전문 인력 500명을 파견해 지진 현장의 부품 상황을 파악하고 태국 등 대체 공급처 확보에 총력을 기울였다. 그 결과 도요타자동차는 지진 발생 17일 만인 3월 28일 인기 모델인 프리우스 등 3개 차종의 생산을 재개할 수 있었다. 이러한 일련의 대책은 미리 준비된 컨틴전시Contingency 대응 매뉴얼에 따라 진행됐으며, 도요타는 이를 통해 대지진의 피해를 최소화할 수 있었다.[68]

어떤 사건의 발생 가능성이 매우 크다는 것이 그 사건이 확실하게 일어난다는 말이 아닌 것처럼, 어떤 사건의 발생 가능성이 희박하다는 것도 그 사건이 일어나지 않는다는 말은 아니다. 가능성은 희박하지만 발생했을 경우 큰 반향을 일으킬 수 있는 사건을 무시하는 것은 준비되지 않은 자에겐 큰 위험이 아닐 수 없다.

블랙스완

우리는 이례적 리스크tail risk를 방어하는 데 주력해왔다. 이는 발생 가능성은 낮지만 발생하게 되면 엄청난 재앙을 초래할 수 있는 리스크이다.

- 세스 클라먼Seth Klarman, 미국의 헤지펀드 투자자

앞서 언급했듯이, 족집게 점쟁이 일화에서의 상황 B(발생 가능성이 희박한 상황)를 일컬어 검은 백조, 즉 블랙스완이라고 한다. 나타날 가능성은 거의 없지만 발생하면 큰 파급효과를 미칠 수 있는 사건을 말한다. 이 말은 모든 백조가 당연히 희다고 생각해왔던 유럽인들이, 17세기 말 네덜란드 탐험가에 의해 호주에서 검은 고니가 발견된 후 일반적인 통념이 깨지는 충격을 받은 데서 유래했다. 블랙스완은 상충하는 두 단어로 이루어져 있다. 백조白鳥는 말 그대로 흰 고니를 말한다. 이 앞에 '검다black'는 형용사를 붙여 블랙스완이라는 단어가 만들어졌다. 과거의 경험과 관행에 의존한 예측에서 벗어나 예기치 못한 극단적 상황이 발생함을 일컫는다. 블랙스완은 과거의 경험으로는 예상할 수 없는 사건으로 그 발생 가능성이 희박해서 이에 대한 준비가 소홀하기 쉽고, 과거의 경험을 근거로 안일하고도 낙관적인 예측을 하는 경우가 많다.

블랙스완이라는 용어는 2007년에 발간된 한 책의 제목으로 인해 다시 회자되기 시작했다. 월스트리트에서 잔뼈가 굵은 레바논계 미국인 투자분석가 나심 니콜라스 탈레브Nassim Nicholas Taleb는 2007년 월스트리트의 탐욕과 허상을 파헤친 책《블랙스완The Black Swan》[69]을 발간하면서, 미국 증시의 대폭락과 이로 인한 글

로벌 금융위기를 예측하였다.* 이 책의 초판이 발간되었을 때 책 내용에 대한 학계와 금융계의 많은 비판이 있었지만 실제로 그의 예측은 2008년에 현실로 나타났다.

탈레브는 《블랙스완》에서 이러한 상황을 칠면조 우화를 통해 이야기한다. 칠면조가 한 마리 있었다. 매우 행복한 칠면조다. 때가 되면 주인이 어김없이 나타나 맛있는 먹이를 주고 무척 아껴주기 때문이다. 칠면조는 이렇게 생각했다. '우리 주인님은 나를 예뻐하시는 게 틀림없어. 그렇지 않고서야 하루이틀도 아니고, 한두 달도 아니고 1000일이라는 긴 세월 동안 나를 이렇게 정성껏 돌봐주실 수가 없지.' 하지만 칠면조의 철석같은 믿음은 1000일이 지난 다음 날(그날은 추수감사절이었다) 무참히 깨지고 말았다. 주인이 맛있는 먹이 대신 긴 칼을 가지고 온 것이다. 자신의 목이 날아가는 순간 '아차, 속았구나!' 했지만 이미 때는 늦었다. 과거에 안주하는 준비 없는 조직에게 블랙스완은 재앙으로 다가올 수밖에 없다.

미래의 불확실한 현상은 통계학에서 확률분포probabilty

---

* 비슷한 내용의 영화로 2010년에 개봉된 〈빅쇼트The Big Short〉가 있다. 2007~2008년 미국 부동산 버블(서브프라임 모기지 사태)을 다룬 마이클 루이스Michael Lewis의 2010년 논픽션 소설 《The Big Short: Inside The Doomsday Machine》을 원작으로 한 영화다. 당시 미국 증시상황에 대하여 대다수 사람과 다른 생각을 하던 괴짜 투자자들의 이야기이다.

distribution으로 표현한다. 통계학에서 가장 중요하게 다루어지는 분포는 정규분포normal distribution이다. 실제로 많은 사회현상이나 자연현상이 정규분포로 묘사될 수 있기 때문이다. 정규분포는 평균을 중심으로 봉우리가 솟은 종모양bell-shaped의 좌우대칭인 분포로 양쪽 꼬리를 길게 좌우로 늘어뜨린 모습을 하고 있다. 즉 정규분포에서 평균을 중심으로 일정 범위 내에 값을 취할 가능성은 '1'에 가깝고, 일정 범위를 벗어난 값을 가질 가능성은 거의 없다.* 여기서 평균이란 과거의 경험을 통해 예측한 미래 상황이다. 따라서 미래에 펼쳐질 불확실한 현상을 정규분포로 묘사하면 과거의 행태와 매우 다른 미래가 펼쳐질 가능성은 거의 없다는 말이다. 하지만 우리가 사는 세상은 점점 더 꼬리분포가 길고 두꺼워지는 모습으로 변모하고 있다. 즉 과거의 경험으로는 일어나기 힘들 것으로 예상되는 일들이 점점 더 빈번히 일어나는, 블랙스완의 발생 가능성이 커지는 세상으로 바뀌고 있는 것이다. 그래서 불확실성을 다루는 금융계의 분석가들은 꼬리분포의 모양이 과거보다 얼마나 길고 두꺼워지는가에 관심을 갖는다.** 이처럼 과거가 미래의 거울이 되기에는 모든 것이 너무 빨리 변하는 변화무쌍한 세상에 우리는 살고 있다.

---

* 정규분포에서 평균을 중심으로 ±3개의 표준편차 범위 내에 값을 취할 확률은 99.73퍼센트이다. 따라서 이 범위 밖의 값을 취할 확률은 0.27퍼센트로, 이 범위 밖의 값은 나타날 가능성이 거의 없다는 말이다.

블랙스완에 대처하는 방법은 무엇일까? 군사 용어에 '사주경계四周警戒'라는 말이 있다. 사방을 두루 살펴 경계한다는 뜻이다. 즉 미래의 상황을 확률적으로 다각화하여 플랜plan A뿐만 아니라 플랜 B, C 등 다른 계획도 준비해야 한다는 말이다. 계획에는 돈이 그리 들지 않는다. 미래의 불확실성이 걷히고 닥친 상황에 대한 계획이 행동으로 이어질 때 조직의 자원과 역량이 소요된다. 미래의 상황을 확률적으로 다각화하고, 각각의 상황에 맞게 행동 계획을 세우고 준비하는 조직은 블랙스완으로 인한 재앙을 막을 수 있을 뿐만 아니라 우발사태계획에 들인 조그마한 비용보다 훨씬 큰 이득을 취할 수 있다.

회색 코뿔소

진짜 위기는 위기인데도 불구하고 위기인지 모르는 것이다. 그보다 더 큰 위기는 위기인지 알면서도 아무것도 하지 않는 것이다.

– 유재석, 방송인

———

** 분포의 꼬리가 얼마나 길고 두꺼운가는 통계학에서 '첨도kurtosis'로 측정한다. 첨도는 원래 분포 봉우리의 뾰족 정도를 나타내는 수치이나 분포 봉우리의 뾰족 정도는 꼬리의 길이와 두께도 측정한다. 정규분포의 첨도를 '보통 첨도mesokurtic'라고 한다. 분포 아래의 면적은 항상 '1'이 되어야 하므로 분포의 봉우리가 정규분포보다 높고 뾰족해지면 꼬리는 정규분포보다 길고 두꺼워진다.

사실 우리는 위기를 맞았을 때 위험에 빠지는 것이 아니라 위기가 있음에도 이를 모른 척 방관할 때 돌이킬 수 없는 위험에 빠지게 된다. 블랙스완으로 인한 재앙은 과거의 통념을 깨고자 하는 사주경계 노력과 새로운 미래에 대한 준비를 통해 그 크기를 최소화할 수 있다. 그런데 지속적인 경고가 있어 미리 막을 수 있었음에도 그냥 바보처럼 멍하니 앉아 있다가 당하는 위기도 있다. 바로 회색 코뿔소의 경우다. 코뿔소는 몸집이 육중하기 때문에 멀리서 달려오고 있어도 진동으로 그 존재를 느낄 수 있다. 코뿔소가 달려오는 걸 감지하면 그때 피해야 한다. 이쪽으로 달려오는 걸 알고 있으면서도 그냥 가만히 있다 눈앞에 두고서야 피하려 하면 이미 늦은 것이다. 이렇듯 회색 코뿔소란 지속적인 경고를 통해 사회가 인지하고 있고, 개연성이 높으며, 파괴력 또한 엄청나지만 '어떻게 되겠지' 하고 수수방관하다가 속절없이 당하게 되는 위험을 말한다.

회색 코뿔소는 2013년 1월 다보스포럼에서 세계정책연구소 WPI: World Policy Institute의 미셸 부커Michele Wucker*가 사용한 용어로 중국의 고속 성장에 따른 후유증, 즉 중국 경제의 높은 부채비율, 그림자 금융shadow banking**, 유동성 리스크, 부동산 거품 등과 같은 세계 경제에 대한 중국의 위협을 겨냥한 말이다. 기후변

---

* 현재는 'Gray Rhino & Company'의 설립자이자 CEO이다.

화로 인한 생태계의 파괴, 비만, 재정적자, 가계부채의 증가, 인구 고령화와 저출산, 국민연금의 고갈, 노후 준비 미흡 등도 회색 코 뿔소로 설명할 수 있는 현상이다. 인간은 제한된 의지력으로 인 해 미래가 중요하다는 것을 알면서도 현실에 급급하고 의지가 박 약해 미래 가치를 평가절하하는 어리석음을 범한다. 그래서 판단 이 근시안적이고 미봉책에 그친다. 미루기가 만연한 이유도 이 때 문이다.

일본의 경제산업성은 [2019년 7월] 1일 대한민국을 플루오린 폴 리이미드, 리지스트, 에칭 가스의 세 가지 품목에 대한 포괄적 수 출 허가 대상에서 제외했다. 이들 품목은 반도체와 디스플레이 제 조에 사용되는 주요 소재다. 이전까지 한국은 포괄적 수출 허가 대상에 있었기 때문에 이들 품목의 수입에 아무런 규제를 받지 않 았다. 경제산업성은 규제를 가한 까닭에 대해 "한일 간의 신뢰가 심각하게 손상되었다"는 것 외에 구체적인 언급을 하지 않았다. (…) 한국의 삼성전자와 SK하이닉스가 생산하는 반도체 메모리(D

** 은행과 달리 엄격한 규제를 받지 않는 비非은행 금융기관을 가리키거나 이 런 금융기관에서 취급하는 비은행 금융 상품을 말한다. 대표적인 그림자 금 융 상품으로는 머니마켓펀드MMF, 환매조건부채권RP, 신용파생상품, 자산유 동화증권ABS, 자산유동화기업어음ABCP, 헤지펀드 등이 있다. '그림자'라는 수식어는 그림자 금융이 금융의 본래 모습과 유사하지만, 눈에 잘 띄지 않 는 특징을 가지고 있음을 의미한다.

램)는 전 세계 판매량의 70%가량을 차지한다. 일본의 규제로 한국의 반도체 생산과 수출에 차질이 생길 경우 전 세계 반도체 업계에 미치는 영향은 적지 않을 것이다. 이 때문에 일본이 실제로 강력한 규제를 가하지는 못하리라고 전망하는 전문가도 있다. 한국 정부는 대책 마련에 서두르고 있으나 당장 취할 수 있는 대책은 별로 없다. (…) 정부는 그 밖에도 수입선 다변화, 국내 생산설비 확충, 기술개발을 통한 국산화를 추진하고 있으나 짧은 시간 안에 이루기는 어려운 과제들이다.[70]

일본의 전략물자 수출 화이트리스트*에서 한국을 배제하기로 결정한 후, 3년 가까운 시간이 지났다. 이 사건으로 인해 우리나라의 소·부·장(소재, 부품, 장비) 산업이 급속히 발전하게 되었고, 핵심 품목의 대일對日 의존도가 낮아졌다며 후견지명hindsight**처럼 뒤늦게 자평하는 사람들이 많지만, 이 사건도 회색 코뿔소의 단적인 예이다. 일본의 수출 규제 경고는 이미 오래전부터 지속적으로 나온 것이었다. 일이 발생하기 전에 지혜롭게 해결할 수 있는 길이 여럿 있었음에도, '설마' 하는 안이한 생각으로 별다른 조처를 하지 않다 보니 우리나라 반도체와 디스플레이 산업은 코뿔

소에 치이는 형국이 될 수밖에 없었다. 정부의 감정적이면서도 뒷북치는 대응이 현장의 기업에는 재앙이 되었던 사례이다.

회색 코뿔소에 대응하기 위해서는 첫째, 회색 코뿔소의 존재를 인정해야 한다. 어리석은 사람은 위기가 다가옴을 알면서도 '설마 그렇게 되겠어', '어떻게 되겠지' 하면서 존재 경고를 부정하거나 외면한다. 블랙스완과는 달리 지속적인 경고가 있음에도 불구하고 현실을 부정하고, 불리한 사실을 사실대로 믿고 싶지 않은 인간의 방어기제는 회색 코뿔소의 존재를 남의 일로 생각하게 만든다. 육중한 코뿔소의 진동을 느꼈으면 코뿔소가 달려오고 있음을 인정해야 한다. 루쉰의 소설 《아Q정전阿Q正傳》의 주인공 '아Q'처럼 '정신 승리'를 해서는 안 된다.

둘째, 회색 코뿔소가 눈앞에 나타날 때까지 시간을 낭비해서는 안 된다. 코뿔소가 눈앞에 보이면 이미 늦은 것이다. 코뿔소가 눈앞에 나타날 때까지 허송세월하지 말고, 리더라면 구성원들에게 코뿔소의 신호를 사실대로 알리고, 경계하고 준비하도록 독려해야 한다. 구성원들이 근거 없는 희망에 사로잡히지 않도록 코뿔소가 실제로 존재하고 달려온다는 사실을 효과적인 메시지로 알리고, 최악의 경우를 대비해야 한다. 위험을 알리는 효과적인 메시지의 예로 미셸 부커는 호주 멜버른의 노면전차tram 경고 메시지를 들고 있다.[71] 멜버른시에서는 길에서 휴대폰을 이용하거나 헤드폰을 쓰는 젊은 보행자들이 많아지자 그들이 노면전차에 주의

하도록 코뿔소를 이용하여 경고판과 영상을 만들었다. 노면전차 겉면에는 '노면전차의 무게는 코뿔소의 30배에 해당합니다'라는 경고 메시지와 함께 스케이트보드를 타고 철로 위를 신나게 달리는 코뿔소들이 등장하고, 헤드폰을 끼고 무심코 걸어가는 10대 소년 앞에 거대한 노면전차가 불쑥 나타나는 경고 영상이 나온다.

셋째, 회색 코뿔소의 성격을 규정하고 대비책을 강구해야 한다. 우리가 보험을 들고, 백신을 맞고, 연금에 가입하는 이유는 무엇인가? 학교나 직장에서 소방 안전 교육이나 재난 대비 훈련을 하는 이유는? 군대에서 매일 같은 훈련을 반복하는 이유는 무엇일까? 나에게 닥칠 수 있는 큰 위험이나 손실의 크기를 줄이고, 위기를 맞았을 때 허둥대지 않고 몸에 밴 습관이 나도 모르게 튀어나와 이를 극복하기 위해서이다. 2015년 1월 논산훈련소에서 일어난 일이다. 수류탄 투척 교육장에서 훈련병이 던진 수류탄이 바로 발 앞에 떨어졌다. 안전핀을 제거한 수류탄은 4초 후면 터진다. 여러분이라면 그 상황에서 어떻게 행동했을까? 대부분은 머릿속이 하얗게 되어 그 자리에 석고 기둥처럼 굳은 채 비극을 맞이하게 될 것이다. 다행히 옆에 있던 교관이 그 위기 상황을 잘 처리하여 모두 무사했다. 후에 기자가 교관에게 물었다. "어떻게 그 긴박한 상황을 무사히 넘겼나요?" "훈련한 대로 했을 뿐입니다." 교관의 대답이다. 몸에 밴 습관이 위기를 극복한 것이다. 코뿔소의 성격을 규정한다는 것은 닥쳐오는 위기가 무엇이냐에 따라 대비책이 달라져야 함을 의미한다. 보험을 드는 것은 불의의 사고에 대비하기 위함이고, 연금을 드는 것은 노후 준비를 위함이다. 백신을 맞는 것은 큰 병으로부터 나를 보호하기 위함이고, 반복적인 교육과 훈련은 절체절명의 위기 상황에서 생각보다 몸이 먼저 반응하도록 하기 위함이다. 다가오는 코뿔소가 무엇인지 그 성격을 먼저 규명하고, 그것에 맞는 대비책을 강구해야 한다. 어떤 대비책은 단계별로 진행된다. 성벽은 한 번에 만들어지는 것이 아니다. 돌을 하나씩 쌓아가다 보면 어느 시점에 원하는 성벽이 만들어지게 된다. 예를 들어, 비만해진 사람을 하루아침에 날씬하게 만드는 방법은 없다. 비만에 대비해 평소 음식을 조절하고 지속적인 운동을 병행하는 것이 이상적이지만 이미 비만에 접어들면 치료법은 달라진다. 우선 식이요법을 통해 몸무게를 줄인 후, 유산소 운동과 근육 운동을 단계별로 진행하여 근력을 강화하고 기초 대사량을 늘린다. 증상에 따라 약물치료를 병행할 수도 있다. 그리고 요요현상이 발생하지 않도록 꾸준히 자기 관리를 지속한다. 코뿔소에 대한 대비가 늦을수록 비용도 많이 들고, 대비책이 성공할 가능성도 점점 낮아진다. 하지만 가장 늦었다고 생각하는 시점이 가장 이른 시점이듯 대비가 늦었다고 포기하지 말고 코뿔소의 성격과 시점에 맞게 대비책을 마련하라.

넷째, 이미 코뿔소가 눈앞에 나타났으면 이를 전화위복의 계기로 삼아야 한다. 코뿔소가 눈앞에 나타났으면 이미 늦은 것이다.

그렇게 경고했음에도 허송세월하고 대비를 안 했으니 별도리 없이 치일 수밖에 없다. 하지만 마지막으로 남은 한 장의 카드가 있다. 실패로부터 배우는 것이다. 위기 상황을 도저히 피할 수 없을 때 사람에 따라 두 가지 방식으로 대응한다. 한 사람은 그냥 위기에 치어 무너지고, 또 한 사람은 위기로부터 배워 새로운 기회를 창출한다. 앞서 예로 든 일본의 전략물자 수출 규제 사례에서 우리나라는 코뿔소에 치인 형국이었다. 하지만 다행히 이러한 화禍를 국내 소·부·장 산업의 발전이라는 복福으로 전환한 것은 그나마 소 잃고 외양간을 튼튼히 고친 일로 평가할 만하다.

율곡栗谷 이이李珥의 후학들이 스승에 관한 일을 정리해 편찬한 《율곡연보栗谷年譜》의 1583년(선조 16년) 4월 내용을 보면, 당시 병조판서이던 율곡이 임진왜란이라는 회색 코뿔소에 어떻게 대비하고자 했는지 잘 나와 있다. "선생이 경연에서 아뢰기를 '10년을 못 가 토붕土崩의 화가 있을 것입니다. 원하옵건대 미리 십만의 군사를 길러 도성都城에 2만, 각 도에 1만을 배치하여 그들의 조세를 덜고 무재를 훈련해 6개월로 나누어 교대로 도성을 지키게 하다가 변란이 있을 때는 십만을 합쳐 파수하게 하여 위급할 때 방비를 삼으소서. 이처럼 하지 않으면 하루아침에 변이 날 경우 시민市民을 몰아 전투하게 됨을 면치 못해 결국 대사가 끝나고 말 것입니다'라고 했다."

율곡은 회색 코뿔소의 신호를 정확히 인지하고, 조정에 이를 미리 경고하고, 이에 대한 대비책도 코뿔소의 성격에 맞게 구체적으로 준비하였다. 하지만 당시 선조나 조정 신하 모두 율곡의 경고에는 귀 기울이지 않고 현실을 애써 외면하다 1592년 임진년壬辰年에 왜란倭亂을 맞고 말았다. 코뿔소에 무방비로 치인 것이다. 또 코뿔소에 치였으면 그로부터 배우고 새로운 기회를 찾아야 하는데 그들은 그마저도 하지 못했다. 실패로부터 배우지 못한 조직은 같은 코뿔소에 계속 당하기 마련이다. 1597년 정유재란은 같은 코뿔소였다. 리더라면 미래에 대한 혜안foresight과 실행력executability을 갖추어야 한다. 뛰어난 리더는 위험 요소가 멀리 떨어져 있을 때 이의 신호를 알아차리고, 대비책을 준비하고, 행동을 취한다. 리더가 회색 코뿔소의 신호를 무시하면 구성원들만 고달파진다.

"설마가 사람 잡는다"는 말이 있다. 회색 코뿔소는 알고도 당하는, 바보들이 당하는 위험이다. 위기가 다가오는 걸 알면서도 아무 일도 하지 않는 것은 리더로서는 죄악을 범하는 것이다. 코뿔소의 진동을 느끼면 그때 바로 준비하라. 준비가 늦을수록 비용은 커지고 성공 확률은 낮아진다.

기본값 재설계하기

사람은 성장하고 있거나 썩어가고 있거나 둘 중 하나다. 중간은 없다. 가만
히 서 있다면 썩어가고 있다는 것이다.

– 앨런 아킨Alan Arkin, 미국의 배우

인간은 원래 현재 상태를 선호하는 습성이 있고, 현재 상태에서
벗어나는 것을 불안해하고 불편해한다. 그리고 자기가 지금까지
해오던 대로 일을 처리하는 것을 가장 편하고 익숙하게 여긴다.
'낡은' 방법보다 '낯선' 방법을 더 싫어하는 이유이다.

　나한테 아주 특별한 이득이 없는 한 새로운 방법이 좋다고 해
서 그 방법으로 일을 하지는 않는다. 왜 그럴까? 새로운 방법을
습득하려면 나 자신이 직접 추가적인 시간과 노력을 투자해야 하
기 때문이다. 즉 인간은 '현상유지 편향status-quo bias'이라는 현재
에 머물고자 하는 관성을 가지고 있다. 이는 현재의 생각에서 벗

어나는 것을 불안해하거나 불편해하고, 지금까지 해오던 방식으로 일을 하고자 하는 관성이다.

하지만 현상을 유지하는 것이, 말처럼 진짜 현상을 유지하는 것이 될 수 있을까? 나는 가만히 있지만, 남들은 계속 뛰고 있다면? 결국 나는 현상을 유지한다고 하지만 곧 뒤처지게 될 것이 자명하다. 사람이 가만히 누워만 있으면 며칠 지나지 않아 등에 욕창이 생겨 죽음에 이르는 것과 같은 이치이다.

현상유지 편향에서 벗어날 수 있는 방법은 있을까? 현상유지 편향에서 벗어나기 위해서는 습관을 바꾸어야 하는데, 그것이 말처럼 쉽지 않다. 바꾸고 싶은 습관이 있다면 다음 질문을 스스로에게 한번 던져보자. "지금까지 해오던 대로 일과 생활을 계속하면 그토록 바라는 꿈과 목표를 이룰 수 있을까?" 스스로에게 정직하다면 아마도 아니라고 답할 것이다. 이러한 성찰적 문답은 우리를 현상에서 벗어나게 하는 계기로 작용할 수 있다.

인간의 현상유지 편향은 모든 정책 입안에서 '기본값default'의 중요성을 상기시킨다. 기본값이란 내가 특별히 다른 선택을 하지 않는 한 나에게 적용되는 기본적인 규칙이나 제도를 말한다. 인간은 대부분 적극적인 의사결정자라기보다는 소극적인 의사결정자이다. 그래서 특별한 선택을 일부러 하기보다는 주어진 기본값에 따라 행동하는 것을 선호한다. 기본값은 우리에게서 지금 무엇을 선택해야 한다는 정신적인 고통을 제거해준다. 하지만 기본값이 잘못 설정되었을 경우, 나도 모르는 사이에 개인적 비용뿐만 아니라 사회적 비용도 증가시킨다. 금융상품이나 복지제도 등 모든 정책에서 기본값을 잘 만들어야 하는 이유가 여기에 있다.

초등학교 시절로 돌아가보자. 내일이 시험인데 친구와 온종일 노느라 공부를 전혀 하지 못했다. 사지선다형의 시험이라 연필을 굴리거나 네 가지 선택지 중 하나를 감으로 찍게 된다. 이때 전설적으로 내려오는 원칙을 기억할 것이다. "한번 찍은 것은 고치지 말라." 왜 이 원칙이 긴 세월 동안 면면히 내려오는 것일까? 한번 찍은 것을 고치면 틀릴 가능성이 더 클까? 한번 생각해보자.

내가 네 개의 선택지 중 하나를 찍었다고 가정하자. 그 선택이 정답일 가능성은 25퍼센트, 틀릴 가능성은 75퍼센트이다. 이제 그 선택지를 다른 것으로 고쳤다고 가정하자. 고친 선택지가 정답일 가능성은 얼마일까? 이전과 같다. 한번 선택한 답을 다른 답으로 고치든 이전 답을 그대로 놔두든 그 선택지가 정답일 가능성은 25퍼센트, 오답일 가능성은 75퍼센트로 동일하다. 그런데 왜 그런 전설적인 원칙이 면면히 내려오는 것일까? 한번 선택한 것을 그대로 놔두다 틀리면 그런가 보다 하지만 다른 선택지로 바꾸어서 틀리면 더 아쉽기 때문이다. 특히 고치기 이전의 선택지가 정답일 경우에는 더 그러하다.

이렇듯 사람들은 일단 선택한 후에는 이를 변경하기 싫어하는 습성을 가지고 있다. 그래서 우리말에 "긁어 부스럼 만들지 말라"

는 말이 있다. 서양 사회에서도 이 말을 "Let sleeping dogs lie"라고 표현한다. 문화의 차이와는 관계없이 어느 사회든 괜히 일부러 행동해서 손해 보지 말라는 말은 통용된다. 그래서 인간은 현재의 습관이나 행동양식에 머물고자 한다. 이렇게 사람들이 웬만해서는 움직이려고 하지 않는 것을 '부작위 편향omission bias'이라고 한다.

인간의 현상유지 편향은 '귀차니즘'이라는 또 다른 함정에 빠져들게 한다. 귀차니즘이라는 인터넷 신조어는 뭐든지 하는 게 귀찮아서 마땅히 해야 할 일도 하지 않는 현상을 뜻한다. 인간은 어떤 일을 함으로써 발생하는 개인적 피해보다는 어떤 일을 하지 않음으로써 발생하는 사회적 피해를 비이성적으로 선호하는 특성이 있다. 인간의 현상유지 편향이 가져온 부산물이다.

하지만 움직이려 하지 않는 사람들에게 움직이라고 설교하는 것은 별 효과가 없다. 이는 마치 당연히 해서는 안 되는 비윤리적 행동을 하지 말라고 설교하는 것과 같다. 대신 왜 인간이 웬만해서는 움직이려고 하지 않는지 그 이유를 이해시키고, 설교보다는 넛징 방식으로 스스로 움직이도록 도와주는 것이 훨씬 효과적이다. 그렇다면 사람들이 왜 현실에 안주하고자 하는지 그 이유부터 살펴보자.

왜 사람들은 움직이려 하지 않을까?

어떤 일을 하는 것을 '커미션commission'이라고 하고, 그 일을 하지 않는 것을 '어미션omission'이라고 한다. 어떤 일을 하든, 하지 않든 양쪽 다 피해harms는 발생한다. 어떤 일을 함으로써 발생하는 피해를 '커미션의 피해harms of commission', 그 일을 하지 않음으로써 발생하는 피해를 '어미션의 피해harms of omission'라고 한다. 그런데 전자는 보통 개인적 피해인 경우가 많고, 후자는 사회적 피해인 경우가 많다. 둘 중 사람들은 어떤 피해를 더 선호할까? 사람의 행태를 관찰하면 대부분 후자를 더 선호한다는 것을 알 수 있다. 그래서 사회적 비용이 의도치 않게, 불필요하게 많이 발생하게 된다. 즉 인간의 부작위 편향은 사회적 비용을 유도하고, 사회적 비용은 건강하지 못한 사회를 만들게 된다.

'사회적 선social good'을 위해 마땅히 해야 할 일을 하지 않은 채 수수방관하는 사람이 많은 사회가 궁극적으로는 사회적 비용을 더 치르고, 건강하지 않게 되는 것은 자명한 사실이다. 그런데 사회적 비용은 누가 대신 내주는 것이 아니다. 결국 사회 구성원인 개개인의 호주머니에서 나오게 된다. 정부는 개인이 낸 세금을 모아 개인을 대신해 비용을 치를 뿐이다.

부작위 편향의 한 예로 제약업계의 제네릭generic, 즉 복제 의약품 시장을 살펴보자. 제약회사는 기본적으로 신약 개발을 통해 인류 건강에 이바지해야 한다는 사명을 가지고 있으나 신약이 가져올 수 있는 부작용과 그로 인한 소송의 두려움 또한 갖고 있다. 우스갯소리로 제약회사가 가장 두려워하는 것이 '질병 없는 세상'이고, 두 번째로 두려워하는 것이 '부작용 소송으로 인한 배상액'이라고 하지 않던가. 그래서 신약 개발에 들어가는 막대한 연구 개발비로 인해 상대적으로 위험과 비용이 적은 제네릭 시장이 전 세계적으로 성장하는 추세다.

실제로 전 세계 제네릭 시장의 규모는 2020년 3860억 달러에서 2027년 5355억 달러에 달할 것으로 전망된다. 이는 해당 기간 동안 연평균 9.4퍼센트의 성장률을 보인다는 뜻이다.[72] 우리나라도 2019년 기준 제네릭 의약품의 시장 규모는 78억 1900만 달러로 전체 의약품 사용량에서 46퍼센트의 비중을 차지하고 있고, 그 사용량은 점차 늘어날 것이라는 전망이다.[73]

제네릭 시장의 성장은 각국 정부의 약값 인하 정책에 따라 제약회사 간 가격경쟁을 유도해 결과적으로 국민 복지를 유도한다는 긍정적 측면이 있다. 하지만 다른 한편으로는 막대한 투자와 위험이 수반되는 신약 개발을 할 수 있는 제약회사가 점차 사라지는 부작용도 함께 초래한다.

기본값을 살펴라

인간의 이러한 현상유지 편향과 귀차니즘의 부작용으로 인해 모든 정책 입안에서 (앞서 언급한) 기본값이 중요해진다. 기본값은 지금 무언가를 선택해야 할 때 따르는 정신적 고통을 제거해주기 때문에 사람들은 자신에게 주어진 기본값을 별생각 없이 채택하게 된다.

브리짓 매드리언Brigitte Madrian과 데니스 시Dennis Shea는 미국 기업에 근무하는 근로자들의 401K(미국 퇴직연금제도) 가입 행태를 조사한 결과, 자동으로 가입되고 탈퇴하려면 전화를 해야 하는 기본 상품의 경우에는 탈퇴율이 매우 낮아 가입률이 높게 유지되는 반면, 가입하려면 전화를 해야 하는 상품의 가입률은 훨씬 떨어진다는 사실을 보고한 바 있다.[74]

금융기관, 통신회사, 공제회 등 여러 곳에서 현상유지 편향과 귀차니즘 행태를 이용해 부가 소득을 올리는 경우가 많다. 한번 생각해보라. 일반적으로 입출금이 자유로운 은행계좌는 이자율이 매우 낮다. 그런데 우리는 과연 그 계좌에 쌓여 있는 돈을 이자율이 높은 금융상품으로 옮기고 있는가.

휴대폰이나 인터넷 서비스에 새로 가입할 때 한 달 동안 무료로 부가서비스를 사용해보고 필요 없으면 한 달 후에 해지하라는 말을 많이 들어봤을 것이다. 과연 한 달 후에 그 서비스를 해지했는지 한번 돌아보자. 필요 없지만 해지하지 않은 채 불필요한 요금을 계속 내는 사람들이 사실 적지 않다. 통신업체는 이런 사람들 덕분에(?) 부가적인 이득을 올리고 있다.

또 다른 예로 장기기증 서약을 보자. 우리나라의 장기기증 서약률은 10퍼센트대에 머문다. 그런데 많은 유럽국가의 경우 서약률이 80퍼센트를 상회한다. 데이터만 보면 타인을 생각하는 마음이 유럽인과 우리 사이에 큰 차이가 나는 듯 보인다. 과연 그럴까? 사람 사는 것은 어디나 비슷하다. 그런데 왜 장기기증 서약률에 있어서는 그렇게 큰 차이가 나는 걸까? 해답은 장기기증 서약 프로그램에 있다.

우리나라는 선택가입제도opt-in program를 채택하고 있다. 즉 나의 장기를 무덤까지 가지고 가는 것이 기본값이다. 하지만 어떤 이유로든 자기 장기를 남을 위해 사용하고 싶으면 그렇게 하도록 신청할 수 있다. 물론 신청을 위해서는 신청서를 작성해 제출하는 등 조금 번거로운 절차를 거쳐야 하지만 본인이 원하면 내 장기를 남을 위해 기증할 수 있다. 반면, 유럽의 많은 나라는 소위 선택탈퇴제도opt-out program를 운영한다. 내가 어떤 일로 유고 상태가 되면 내 장기는 기본적으로 나의 동의가 없더라도 남에게 기증되는 것이 기본값이다. 하지만 이는 강제 조항이 아니기에 내 장기를 무덤까지 가져갈 수도 있다. 그러기 위해서는 조금 번거롭지만, 사전에 내 장기는 기증하지 않겠다고 신청하면 된다.

이것이 유럽인의 장기기증 서약률이 우리보다 훨씬 높은 이유이다. 사람의 행태는 어딜 가도 비슷하다. 우리나라 사람들은 장기기증에 대해 긍정적이어도, 신청에 따르는 여러 가지 번거로운 일 때문에 차일피일 미루다 결국 자신의 장기를 무덤까지 가져가게 되고, 유럽인들은 자신의 장기를 무덤까지 가져가고 싶어도 마찬가지 이유로 신청을 미루다 보니 결국 원하지는 않았지만 기본값에 따라 자신의 장기를 남에게 기증하게 되는 것이다. 이처럼 기본값은 중요하다.

그러니 이제 내가 가입해 있는 여러 가지 제도, 이를테면 금융상품, 연금제도, 복지제도 등의 기본값을 한번 살펴보기를 바란다. 그리고 더 좋은 선택을 위해 조금 귀찮더라도 현재 상태에서 한번 움직여보길 권한다. 현상을 유지하는 것이 가능한 대안 중에서 가장 좋은 선택인지, 아니면 단순히 가장 편안한 선택인지 구분해보자. 이는 올바른 판단을 위해 꼭 필요한 일이다.

방관자 처벌법보다 효과적인 기본값 디자인

방관자란, 남을 도울 위치에 있었음에도 도움을 주지 않고 그냥 못 본 채 지나치는 사람을 말한다. 많은 나라에서 방관자를 처벌하는 법을 시행하고 있는데, 이를 '방관자 처벌법bystander law'

또는 '착한 사마리아인 법The Good Samaritan law'이라고 한다. 유럽 국가들에서 이 법은 강력히 시행되고 있다. 일례로 영국의 왕세자 비였던 다이애나가 프랑스 파리에서 연인과 차를 타고 가다 사고가 났을 때 구조 조치는 하지 않은 채 사진만 찍어대던 파파라치들이 방관자 처벌법으로 처벌받았다.

방관자가 많은 세상은 결코 아름답지 않을 것이다. 하지만 방관자를 처벌한다고 해서 일이 해결되는 것도 아니다. 움직이지 않는 사람을 내가 의도한 대로 움직이게 만드는 것은 힘든 일이다. 앞서 부작위 편향에서도 언급했듯이 사람은 웬만해서는 움직이지 않는 태생적 한계를 갖고 있기 때문이다. 움직이려 하지 않는 사람에게 움직이라고 설교하는 것은 영화의 대사처럼 "너나 잘하세요"란 반응만 불러일으킬 뿐이다. 그래서 기본값의 설계가 중요하다. 인간의 현상유지 편향과 귀차니즘은 내가 어떤 특별한 행동을 하지 않더라도 나에게 적용되는 기본값을 습관처럼 그대로 받아들인다. 그것이 편하기 때문이다.

다음은 어느 대학 동문회에서 보내온 이메일이다. 요지는 동문회 살림이 어려우니 지금까지 동문회보를 우편으로도 보내고 이메일로도 보냈는데, 비용 절감을 위해 가급적 이메일로 받아보면 좋겠다는 요청문이다. 과연 이러한 요청이 비용 절감이라는 원래 목적을 달성할 수 있을지 생각해보자.

동문 여러분 안녕하세요. 동문회보를 항상 아껴주셔서 감사드립니다. 동문회보는 이메일과 더불어 우편물로도 전달되고 있습니다. 이메일 구독만으로 충분하다면, 우편물 구독을 중단해주실 것을 부탁드립니다. 우편물 발송비용을 조금이라도 줄이고, 인쇄부수를 줄여 제작비를 절약할 수 있으면, 재정 상황이 어려운 총동문회 운영에 보탬이 될 수 있습니다. 아래 링크를 클릭하고 간단한 정보 남겨주시면, 동문회보를 이메일로만 받아보실 수 있습니다. 고맙습니다.

〔이메일로만 동문회보 구독하기〕

예상하다시피 위 이메일은 목적을 달성하는 데 별 효과가 없다. 동문회의 취지에 공감하여 이메일로만 동문회보를 받고 싶어도, 그러려면 링크를 일부러 클릭해서 여러 가지 정보를 입력해야 하기 때문이다. 동문회는 많은 동문이 일부러 수고까지 해가면서 동문회의 비용 절감에 동참할 것이라는 순진한 생각을 하고 있지만, 인간의 현상유지 편향은 이를 방해한다. 내가 어떤 행동을 굳이 하지 않더라도 나에게는 별 피해가 없기 때문이다.

필자가 예상하기에 이 동문회는 별 성과 없이 계속 우편과 이메일로 동문회보를 발송하게 될 것이다. 동문회의 목적을 달성하려면 어떻게 해야 할까? 기본값을 바꾸어야 한다. 앞으로는 이메일로만 동문회보를 보내겠다는 것을 기본값으로 하면서 동문회보를 우편으로도 계속 받아보고 싶은 사람은 링크를 클릭해 정보를 입력해달라고 이메일 내용을 바꾸는 것이다. 그렇게 해야 동문회의 비용 절감이라는 목적을 더 잘 달성할 수 있다.

다음은 필자가 케임브리지대학교로부터 받은 이메일 내용이다. 위의 내용과 무엇이 다른지 살펴보자. 비용 절감이 아닌 환경보호라는 대의명분을 내세웠지만, 두 동문회의 의도는 같다.

친애하는 동문 여러분,

지난 10월, 케임브리지대학교는 향후 10년 동안 온실가스 배출량을 '순제로net zero'로 만들기 위해 노력하겠다고 약속했습니다. 이것은 단계별로 진행되는 프로세스이며, 단지 화석 연료에만 국한되지 않은 보다 광범위한 노력으로, 우리 대학 클레어홀Clare Hall의 일상적인 행동과 전략적 선택으로 이어지는 우리의 태도입니다. 우리는 기후 위기가 목전에 다가왔음을 알고 있습니다. 그리고 동문회보의 배송 방법이 온실 효과를 유발하는 이산화탄소의 배출량에 큰 영향을 미칠 수 있음도 알고 있습니다. 이러한 이유로 동문회 사무국에서는 동문들께 올해 10월 말에 발행되는 연례 동문회보인 〈리뷰Review〉를 인쇄물로 받는 대신 디지털 버전으로 받을 수 있는 기회를 제공하고자 합니다.

동문회보를 인쇄본으로 받기를 원하시는 경우에는 이 편지 끝부분에 있는 링크를 클릭하여 관련 정보를 입력해주시면 됩니다. 사무국에서 동문회보를 최종 배포하기 전에 귀하가 선호하는 동문 회보 수신 방법을 접수할 수 있도록 동문회보를 인쇄물로 원하시는 동문은 늦어도 10월 13일까지는 관련 정보를 입력해주시기 바랍니다.

그렇지 않은 동문들께는 2021년도 동문회보를 디지털 버전으로 보내도록 하겠습니다. 물론 여러분의 동문회보 수신 방법은 추후 변경하실 수 있습니다. 원하시는 경우 내년에 동문회보 수신 방법을 변경할 수 있는 옵션을 제공하도록 하겠습니다.

〔동문회보를 인쇄본으로 받으시려면 여기를 클릭하세요〕

의도한 목적을 달성하는 데 훨씬 효과적인 내용이다. 디지털 버전 동문회보를 기본값으로 하되, 인쇄본을 원할 경우에는 링크를 클릭해 여러 가지 정보를 입력하도록 요구하고 있다. 이는 긍정적인 방향으로 기본값을 적용한 사례라 할 수 있다.

이성을 짓밟는
욱하는 마음을 조심하라

감정은 언제나 이성을 짓밟아 버리는 경향이 있다. 감정에 충실하게 행동하면 모든 것이 광기로 흐르기 쉽다.

– 발타자르 그라시안Baltasar Gracian, 스페인외 자가, 예수회 신부

운전 중에 갑자기 다른 차가 앞에 끼어들면 화가 난다. 그리고 빠른 속도로 그 차를 쫓아가 추월하고픈 '보복 운전' 욕구가 일어난다. 조금만 생각하면 별일도 아닌데, 내 앞에 끼어든 그 차가 못마땅해 실속도 없이 위험한 행동을 하게 된다. 이렇게 자극에 대한 감정에 휘둘려 판단이 이루어지는 것이 '감정 휴리스틱affect heuristic'이다.

사람들은 자극stimulus에 민감하다. 그리고 어떤 자극에 대한 개인의 감정은 부정적일 수도, 긍정적일 수도 있다. 제품 광고를 보면 소비자의 감정 휴리스틱을 가동시키기 위해 여러 가지 표현

을 사용한다. 새로움을 강조하는 '뉴new', 자연친화적 느낌을 주는 '내추럴natural', 순한 맛을 표현하는 '마일드mild', 고급스러움을 나타내는 '프리미엄premium', 특별함을 강조하는 '창사특집', '50주년 기념', 무결점을 나타내는 '제로zero', 완전함을 표현하는 '100퍼센트' 등이 그 예다. 이런 표현들은 제품이나 서비스가 가지고 있는 본원적 가치에 긍정적인 가치를 더하는 조미료 역할을 한다. 보건복지부에서 담배 이름에 '마일드'나 '저低타르', '순한 맛' 등의 표현을 쓰지 못하게 하는 것은 바로 이러한 감성적 표현이 소비자에게 '몸에 별로 해롭지 않은 담배구나'라는 판단을 유도하기 때문이다.

크리스토퍼 시Christopher Hsee와 하워드 쿤로이더Howard Kunreuther는 사람들이 배송 손실 보험에 가입할 때 아끼는 골동품 시계의 경우, 비슷한 가치의 시계에 부과되는 보험료의 두 배나 되는 금액도 흔쾌히 지급하려 한다는 사실을 발견했다.[75] 물론 손실 발생 시 두 시계에 지급되는 보험금은 동일하다. 이렇게 특별한 애착 때문에 기꺼이 두 배나 되는 보험료를 내려고 하는 것은 이성적이라기보다는 다분히 감정에 치우친 행태라 할 수 있다.

주변을 둘러보면 감정 휴리스틱은 다양한 형태로 대중의 판단에 영향을 미치고 있다. 연예인들은 왜 실제 이름이 아닌 예명을 쓸까? '비'라는 예명이 아닌 '정지훈'이란 실명을 사용했더라도 비의 인기는 지금과 같았을까? 트로트 가수 이름으로 '이영춘'이라는 실명보다 '설운도'라는 예명이 대중에게 더 친근하게 느껴지는 것도 바로 감정 휴리스틱 때문이다. 한 연구에 따르면 대통령 후보자의 이름이 갖는 특징을 통해서도 당선 가능성을 예측할 수 있다고 한다.[76]

유전자 변형 식품GMO: Genetically Modified Organisms의 반대자들은 이 식품을 '프랑켄푸드Frankenfood'라 부른다. 흉측한 인조인간인 프랑켄슈타인을 떠올리게 함으로써 유전자를 인위적으로 결합해 만든 먹거리의 위험성을 강조하기 위해서다. 왜 홈쇼핑 광고 모델은 항상 웃는 모습일까? 그 제품을 사용하면 행복하다는 감정을 잠재적 소비자에게 전달함으로써 해당 제품의 매출을 올리기 위해서다.

감정 휴리스틱이 평가에 사용되면 잘못된 판단을 유도할 수도 있다. 평가에는 '개별 평가separate evaluation'와 '동시 평가joint evaluation'가 있다. 개별 평가란 대안 하나하나를 개별적으로 평가하는 것이고, 동시 평가란 대안들을 함께 놓고 동시에 평가하는 것이다. 평가를 위한 속성에는 '평가하기 어려운 속성hard-to-evaluate attributes'과 '평가하기 쉬운 속성easy-to-evaluate attributes'이 있다. 연구에 따르면, 평가하기 어려운 속성은 개별 평가보다 동시 평가에서 힘을 발휘하지만, 평가하기 쉬운 속성은 동시 평가보다 개별 평가에서 힘을 발휘한다.[77] 즉 감정에 호소해서 사람의 판단을 뒤흔드는 감정 휴리스틱은 동시 평가보다는 개별 평가에서 큰 힘을 발휘한다.

가령 어느 지역 국회의원 선거에 갑과 을이라는 두 후보가 출마했다고 하자. 후보 갑은 일자리 1만 개를 만들겠다는 공약을 내걸었으나, 과거 탈세 혐의가 있는 사람이다. 후보 을은 일자리를 5000개밖에 공약하지 않았지만 도덕적으로는 아무 문제가 없는 깨끗한 후보다. 이때 유권자에게 갑과 을 두 후보를 개별적으로 평가하게 하고, 이후 후보별 선호도를 조사해보면 어떤 결과가 나올까? 대부분의 경우 일자리 수보다는 과거의 탈세 혐의에 먼저 주목하게 되면서, 즉 부정적인 감정이 일어나 부도덕한 후보인 갑의 선호도가 을보다 떨어지는 결과가 나오게 된다.

하지만 갑과 을을 동시에 비교하는 동시 평가에서는 감정적 측면보다는 일자리 창출이라는 현실적 사안에 더 큰 관심을 가지게 되면서 갑의 선호도가 더 높아지는 정반대의 결과가 나올 수 있다. 개별 평가에서는 일자리 수 1만 개의 많고 적음을 판단하기 어려워 감정적 측면에서 판단이 이루어지지만, 동시 평가에서는 개별 평가 때 판단하기 어려웠던 속성, 즉 일자리 수가 비교 가능해짐으로써 선호 결과가 바뀔 수 있다는 말이다.

왕연구소의 패착

혹시 왕연구소Wang Laboratories를 기억하는가. 1980년대 세계 워드프로세서 시장을 석권했던 컴퓨터 회사다. 이 회사 창업자인 왕안王安은 당시 IBM이 시장의 표준으로 자리 잡고 있던 PC 시장에 진출하고자 했다. 그런데 왕안은 IBM에 대한 감정이 매우 좋지 않았다. 자신이 과거에 개발한 기술을 IBM이 가로챘다고 생각했기 때문이다. 그때 왕연구소는 PC의 운영체제를 마이크로소프트Microsoft로부터 받기로 했는데, 그 운영체제가 IBM PC에서도 사용된다는 사실을 알게 되자 마이크로소프트의 운영체제를 거부하게 된다. 당시 PC 시장은 IBM 호환 기종을 대세로 받아들였다. 하지만 왕안은 시장의 대세를 무시한 채 자체적으로 운영체제를 개발하려다 사업 전체를 망치고 말았다.[78] 기업의 미래가 달린 일에 개인의 감정이 개입되어 경솔한 의사결정이 일어났고, 이에 왕연구소는 치명적인 타격을 입어 이후 몰락의 길을 걷게 됐다. 결국 왕연구소는 1992년 8월 법원에 파산보호신청을 했고, 그 후 몇 번에 걸친 인수 작업이 진행됐지만 현재 왕Wang이란 브랜드는 지구상에서 사라지고 없다.

법은 멀고 주먹은 가깝다는 말이 있다. 하지만 감정에 치우친 반사적 행동은 후회를 불러일으키는 경우가 다반사다. 욱하는 감정 휴리스틱에서 벗어나야 하는 이유다.

힌두교 3대 경전 중 하나인 《우파니샤드Upanishads》에는 다음과 같은 글이 있다. "모든 감정들이 고요할 때, 마음이 평안하게 되었을 때, 지성知性이 흔들리지 않고 있을 때, 이때를 현자는 '지고至高의 경지'라고 말한다." 새겨들어야 할 말이다.

인간은 태생적으로 감정에 매우 민감하게 반응한다. 문제는 감정적 반응이 특정 목적을 위해 교묘하게 조종되거나 이용될 수 있고, 이로 인해 잘못된 판단이 내려질 수 있다는 점이다. 문제를 대할 땐 나의 감정을 자극하는 문구, 표현, 표정, 그림 등을 모두 배제하고 바라봐야 한다. 그래도 같은 결정을 내린다면 감정 휴리스틱의 함정에서 어느 정도 벗어나 있다고 볼 수 있다.

섣부른 오판을 부르는
비교의 함정에서 벗어나기

세상에는 세 가지 종류의 거짓말이 있다. 거짓말, 새빨간 거짓말, 그리고
통계다.

– 벤저민 니스레일리Benjamin Disraeli, 영국의 정치가이자 문인

미 해군이 "해군의 사망률은 천 명당 아홉 명으로 뉴욕시의 사
망률 천 명당 열여섯 명보다 낮다"는 광고를 낸 적 있다. 군대에
가는 것이 안전하다는 메시지의 광고였다. 모병제 국가인 미국은
그 당시 군대 지원 인원이 감소하는 상황이었다. 미 해군성은 숫
자, 즉 통계를 활용해 모병 광고를 만들었다. 1898년의 미서전쟁
Spanish-American War 동안 미 해군의 전사율은 천 명당 아홉 명이
었다. 그런데 같은 기간 중 뉴욕시의 사망률은 천 명당 열여섯 명
이었다. 미 해군 징병관들은 이 통계를 이용해 해군 입대가 뉴욕
시에 거주하는 것보다 더 안전하다고 선전한 것이다.[79]

아무리 생각해도 이해가 잘 안되지만 숫자가 그렇게 말하고 있다니 대중은 믿을 수밖에 없었을 것이다. 하지만 분명 잘못된 광고다. 비교 대상 자체가 잘못되었기 때문이다. 해군은 기본적으로 신체가 건강한 젊은이들로 구성된 집단이다. 당연히 해군에 입대하려면 건강검진을 받아 일정 기준을 통과해야 한다. 뉴욕 시민 중에는 갓난아이, 노인, 환자 등 여러 종류의 취약 집단이 포함되어 있다. 건강한 젊은이들이 모여 있는 집단보다 다양한 부류의 사람이 모여 있는 곳의 사망률이 더 높은 것은 당연하다. 이 수치만을 보고 뉴욕시에 살 때보다 해군에 입대할 때 건강한 젊은이의 사망률이 더 낮아진다고 추론해서는 안 된다. 비교하려면 우선 비교 집단이 유사해야 한다. 차라리 해군과 다른 군, 가령 공군이나 육군의 사망률을 비교해서 해군에 입대하는 게 더 안전하다고 광고하는 것이 올바른 방법이다.

비교 집단의 유사성을 따져라

인구 1000만을 넘는 거대도시로 성장한 대한민국 수도 서울은 지난 반세기 동안 얼마나 변했을까? 서울시는 1961년 이래 서울 통계연보를 매년 발간하고 있는 가운데 2010년의 현주소와 지난 50년 동안 서울의 주요 사회 변화상을 재조명한 '2011 서울 통계연보'를 발표했다. (…) 통계에 따르면 서울의 인구는 1960년 244만 5000명에서 2010년 1057만 5000명으로 50년 만에 4.3배나 증가했다.[80]

위 기사는 지난 50년 동안의 서울의 발전상을 보여주는 통계를 인용했다. 의도는 알겠으나 여기에도 허점이 있다. 서울의 인구가 많이 증가한 것은 사실이다. 그러나 50년 전의 서울과 지금의 서울은 그 면적과 규모에 많은 변화가 있었다. 1960년의 서울이라면 사대문 정도 근방이었을 것이다. 하지만 지금의 서울은 어떠한가. 과거에는 경기도에 편입되었던 곳도 지금은 서울로 편제되어있다. 그러한 변화를 고려하지 않고 단순 인구 비교를 하게 되면 실제보다 과장된 표현을 피할 수 없게 된다.

정부가 받아야 하는데 제대로 받지 못한 돈이 눈덩이처럼 불어나고 있다. 재정경제부가 발간한 국가채권관리백서에 따르면 국가채권 중 기한이 됐는데 회수되지 못한 연체채권은 2004년 말 현재 7조 8547억 원을 기록했다. 이는 33년 전인 1971년의 연체채권 규모 432억 원의 180배를 넘어서는 액수다. 연체채권 규모는 1979년 1973억 원으로 처음으로 1000억 원을 넘어선 이래 1988년에는 1조 759억 원으로 1조 원을 넘어서더니 한 해에 1조여 원씩 늘어 2004년에는 8조 원에 가깝게 됐다.[81]

이 기사는 정부가 회수하지 못한 연체채권이 과거와 비교해 엄청나게 증가했음을 주장하고 있다. 서울의 인구 비교와 마찬가지로 의도가 있는 과장 보도이다. 단순 계산을 해보면 연체채권 규모는 33년 전에 비해 180배 증가했다. 하지만 33년 전과 비교해 우리나라의 경제 규모가 변하지 않았는가? 경제 규모가 엄청나게 커지면서 국가채권 규모도 증가했고* 이에 따라 연체채권도 증가한 것이다. 이에 당시 재정경제부는 전체 국가채권에서 연체채권이 차지하는 비중은 33년 전인 1971년 9.4퍼센트에서 2004년 6.1퍼센트로 오히려 하락했다고 반박했다.

얼마나 많은 비교가 의도를 가지고 행해지는가?

올바른 비교를 하기 위해서는 적어도 다음과 같은 두 가지 조건이 만족해야 한다. 첫째, 비교하고자 하는 특성이 올바로 정의되고, 비교 대상 간 그 정의가 같아야 한다. 그런 이유로 국가별 실업률 비교는 무의미할 수 있다. 실업률은 경제활동인구 중 실업자가 차지하는 비율로 실업자 수를 취업자와 실업자 수의 합으로

---

* 실제로 2004년 당시 국가채권은 128조 4000억 원으로 1971년의 4589억 원에 비해 280배 늘었다.

나눈 것이다. 하지만 나라별로 생산가능인구의 정의, 취업의 정의 등이 다르기 때문에 실업률도 달리 계산될 수밖에 없다.

예를 들어, 국제노동기구ILO: International Labor Organization는 생산가능인구에 대한 특정 기준을 제시하고 있지 않으나, 우리나라는 군인을 제외한 15세 이상, 일본은 군인을 포함한 15세 이상, 미국은 군인을 제외한 16세 이상으로 정의하고 있다. 또한 무급 가족 종사사의 경우, 국제노동기구에서는 주당 1시간 이상 근무하면 취업자로 보고 있으나, 우리나라에서는 주당 18시간 일을 해야 취업자로 보고 있고, 일본에서는 주당 1시간 이상, 미국에서는 주당 15시간 일을 하면 취업자로 간주하고 있다.[82]

둘째, 비교 집단이 유사해야 한다. 즉 비교하고자 하는 특성 이외의 조건은 집단 간 차이가 없어야 한다. 젊은이로 구성된 집단과 유아와 노약자가 섞여 있는 집단의 사망률을 비교하는 것은 집단의 차이를 무시한 의미 없는 비교다. 세월에 따른 크기의 변화를 고려하지 않고 단순히 인구수만 비교하는 것도 의미가 없다.

미국의 일급 보안 교도소로 유명한 알카트라즈가 폐쇄된 이유는 재정 문제 때문이었다. 운영 비용이 다른 교도소에 비해 너무 많이 들어갔기에 결국 비용을 감당하지 못한 캘리포니아주 정부는 1963년 3월 21일 알카트라즈를 폐쇄했다. 그 당시 죄수 한 명당 하루에 8달러의 비용이 들었다고 한다. 당시로서는 매우 큰 비용이었다. 이러한 고비용에 대해 당시 공화당의 윌리엄 레인저

William Langer 상원의원은 "죄수들을 알카트라즈보다 뉴욕의 최고급 호텔인 월도프 아스토리아Waldorf-Astoria 호텔에 묵게 하는 것이 훨씬 싸게 먹힐 것이다"라고 주장했다.[83]

이제 이 사람의 주장이 왜 잘못된 것인지 알겠는가? 비용에 대한 정의가 다른 것이다. 알카트라즈에서의 하루 비용은 죄수를 먹이고, 입히고, 재우고, 감시하는 등의 모든 비용이 포함된 것이다. 반면 뉴욕의 최고급 호텔 숙박비는 그저 자유인이 하루 자는 데 드는 비용일 뿐이다. 말하고자 하는 의도가 무엇이었는지는 알겠지만, 그 상원의원이 알카트라즈와 고급호텔의 비용을 비교하며 든 예는 잘못된 것이다.

그래프와 그림에 숨은
오해와 진실

우리는 보이는 것에 눈길을 돌리지 않고 보이지 않는 것에 눈길을 돌립니
다. 보이는 것은 잠시뿐이지만 보이지 않는 것은 영원하기 때문입니다.

– 〈고린도후서〉 4 상 18 절

신문이나 TV 뉴스에서는 그래프를 많이 사용한다. 이 그래프도
대중의 착시 현상을 이용해 여론을 의도한 대로 조종하는 데 사
용될 수 있다.

　다음 그래프를 보자. 둘 다 같은 자료를 사용해서 만든 것이다.
어느 기업의 2010년부터 2020년까지 11년 동안의 연간 영업이익
추이를 보여주는 그래프다. 같은 자료를 사용했음에도 위쪽의 그
래프를 보면 11년 동안 영업이익의 증감이 거의 없는 매우 정체
된 기업으로 보일 수 있다. 그러나 아래쪽 그래프를 보면 11년 동
안 영업이익이 가파르게 증가한 것처럼 보인다.

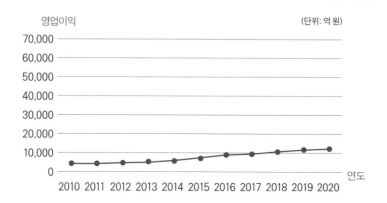

어느 기업의 11년간 영업이익 추이

영업이익 (단위: 억 원)

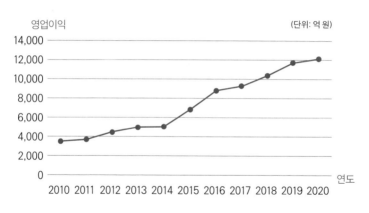

그래프를 만드는 사람은 극적인 변화를 강조하고 싶을 때든, 변화의 폭이 미미한 것처럼 보이고 싶을 때든, 언제든 그 의도대로 보이게 할 수 있다. 방법은 간단하다. 가로축이나 세로축의 눈금 크기의 단위를 바꾸면 된다. 같은 크기의 눈금이라도 위쪽 그래프처럼 세로축의 눈금 하나를 1조 원으로 하는 경우와 아래쪽 그래프처럼 같은 크기의 눈금을 2000억 원으로 설정하는 경우, 그 래프는 전혀 다르게 보인다. 위쪽 그래프는 그다지 큰 변화가 없 는 것으로 보이고, 아래쪽 그래프는 급격한 변화가 있는 것처럼 느껴진다. 그래프를 볼 때, 특히 둘 이상의 그래프를 비교할 때는 가로축과 세로축의 눈금 단위가 같은지를 살펴야 한다. 그래야 의 미 있는 비교를 할 수 있다.

다음 기사는 그림을 사용해 '1인 가구의 수'와 '1인 가구가 전 체 가구에서 차지하는 비중'이 증가했음을 보여주고 있다. 1인 가 구가 2000년 222만 4000가구, 2005년 317만 1000가구, 그리 고 2010년 414만 2000가구로 2000년에서 2005년까지 5년간 42.6퍼센트, 2000년에서 2010년까지 10년간 86.2퍼센트 증가했 다. 그런데 2000년 그림과 2005년 및 2010년 그림을 보면 실제 증가 폭보다 훨씬 더 과장되게 그려져 있다. 기사가 의도하는 바 를 대중에게 각인시키기 위한 것이다.

정확한 비교 그림을 보여주려면 2000년도의 그림을 기준으로 1인 가구 수의 증가 폭만큼 그림의 길이만 늘이든지 아니면 너비 만 늘이든지 어느 것 하나만 늘여야 한다. 그러나 그림들의 실제 크기를 측정해보면 증가 폭만큼 너비와 길이를 함께 늘여 실제 증가 폭보다 훨씬 과장되게 그렸다는 것을 알 수 있다. 어떤 것이 두 배로 증가했다고 할 때 가로와 세로의 길이를 함께 두 배로 늘 이면 그림은 두 배가 아니라 네 배로 커지게 된다.

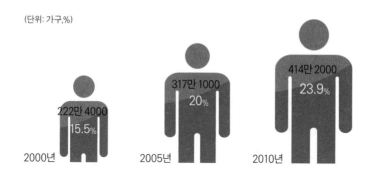

1인 가구 변화 추이

(단위: 가구,%)

222만 4000
15.5%
2000년

317만 1000
20%
2005년

414만 2000
23.9%
2010년

자료: 통계청

2010년 11월 기준 우리나라 1인 가구는 414만 2000가구로 10년 전인 2000년에 비해 191만 8000가구(86.2퍼센트)가 증가했다. 1인 가구가 전체 가구(1733만 9000가구)에서 차지하는 비중은 23.9퍼센트. 올해 1인 가구는 25.3퍼센트로 추정되는데, 2인 가구(25.2퍼센트)나 3인 가구(21.3퍼센트)보다 높다.[84]

비포 & 애프터 사진의 비밀

2011년부터 2015년까지 사연을 보낸 신청자를 선정해 무료로 성형수술을 해주는 TV 프로그램이 있었다. 성형 전과 후의 극적인 외모 변화로 화제가 되었던 프로그램이다. 물론 성형수술을 했으니 수술 이전보다는 모습이 많이 달라질 수 있다. 하지만 '어쩌면 이렇게까지 변할 수 있을까' '정말 같은 사람이 맞나' 싶을 정도로 놀라울 때가 있다. 성형외과 광고에서도 수술 전과 후의 모습을 대비해 보여주는 경우가 많다. '나도 저렇게 달라질 수 있겠

구나' 하는 마음이 들게 하는 시각 자료로 고객을 유혹하기 위한 것이다.

하지만 소위 '비포before & 애프터after' 사진을 비교할 때는 여러 가지 사항을 고려해야 한다. 평범한 얼굴이 화려한 미모로 변신했음을 보여주는 애프터 사진에는 대중의 눈을 속이는 함정이 숨어 있다. 비포 & 애프터 사진을 비교해보면 얼굴만 변한 것이 아니다. 배경과 표정은 물론이고 옷, 장식, 머리 모양까지 다른 것이 한둘이 아니다. 비포 사진의 배경에는 주로 검은색 같은 어두운 색이 쓰인다. 반면 애프터 사진의 배경은 흰색으로 얼굴을 돋보이게 한다. 표정 또한 다르다. 비포 사진의 경우 무표정한 모습의 화장기 없는 얼굴이다. 머리 모양도 수수하고 장신구도 하지 않았으며 복장도 단색의 티셔츠 정도를 걸치고 있을 뿐이다. 하지만 애프터 사진의 모습은 어떠한가. 머리는 세련되게 염색해 꾸미고 화장도 곱게 하고 미소 또한 아름답게 머금고 있다. 게다가 멋진 드레스를 입고 귀걸이와 목걸이 같은 장신구도 착용한다. 당연히 수술 후의 모습이 훨씬 나아 보이지 않겠는가.

동일한 배경, 동일한 표정, 동일한 옷, 동일한 헤어스타일 등 모든 조건을 똑같이 하고 비포와 애프터의 모습을 사진으로 찍어 비교해본다면 이전보다는 그 차이가 훨씬 줄어들 것이다.

06

백기사 신드롬,
두 얼굴의 백기사를 기억하라

인생의 가치는 말이야, 다른 사람에게 뭘 받았는지가 아닌 다른 사람에게
뭘 주었는가로 정해지는 거야.

— 영화 〈혐오스런 마츠코의 일생〉 중에서

에른스트 페르Ernst Fehr와 우르스 피슈바허Urs Fischbacher는 A, B,
C 세 사람이 포함된 게임을 진행했다.[85] 이 게임에서 A는 어떤 사
람에게 받은 적지 않은 돈을 자신과 B에게 나누는 분배자 역할
을 한다. 이때 B는 A가 분배하는 대로 그 몫을 받아야 한다. 즉
A는 독재자가 되는 셈이다. 이러한 규칙에 따라 A와 B 두 사람이
등장하는 이 게임을 '독재자 게임dictator game'이라고 한다.* 이제

---

* 여기서 B가 A의 제안을 받아들이거나 거부할 수 있는 옵션이 있으면 '최후
  통첩 게임ultimatum game'이 된다.

독재자 게임에 다른 한 사람 C를 등장시켜보자. C는 A의 분배 행태를 관찰하는 사람으로, A가 제안하는 돈의 분배안을 보고 이것이 공정하지 않다고 생각하면, C는 A의 불공정성을 벌하기 위해 자신의 돈을 내놓게 된다. 그러면 A는 C가 내놓은 돈의 세 배만큼을 자신의 몫에서 감하고 받게 된다.

여기서 C는 아무런 직접적 이득을 취하지 못함에도 불구하고 A의 분배안이 불공정하다고 생각되면 자기 돈을 내면서까지 A를 벌주려 한다. 이를 '이타적 처벌altruistic punishment'이라고 한다. 이 실험에 따르면 독재자 A가 전체의 반도 안 되는 돈을 B에게 분배하고자 하면 관찰자 C의 55퍼센트 정도가 A를 처벌했다. 이처럼 사람들은 자신에게 이득이 전혀 없더라도 불공정한 상황이라고 생각하면 희생을 무릅쓰고 불공정한 상황을 초래한 주체를 벌하려는 행태를 보인다. 전형적인 '백기사white knight'의 모습이다.

이타적 처벌은 공정성이라는 사회적 규범을 유지하는 도구로서 유용하기도 하다. 하지만 현명한 의사결정을 위해서는 자신이 생각하기에 불공정한 것을 응징하려는 욕망 자아want-self와 '꼭 그렇게 해야만 하는가, 그렇게 하는 것이 나 개인이나 우리 조직에 이득이 되는 것일까'를 생각하는 당위 자아should-self 사이에서 절충을 시도하려는 노력이 필요하다.

백기사는 때때로 자신의 관점은 항상 옳고 표준이라는 자아중심적 착각에 빠지기도 한다. 또한 자신이 도움을 준 상대에게 자신에 대한 무조건적 호의를 요구하기도 하고, 상대방을 자기 뜻대로 움직이려는 이면적 속성도 띤다. 그러한 이유로 타인을 구원하려는 성향이 강한 사람은 자신이 도와준 상대에 대한 믿음이 지나쳐 오히려 인간관계를 망치고 스스로 상처받는 '백기사 신드롬white knight syndrome'의 제물이 되기도 한다. 도움은 도움으로 끝나야 하는데 그에 대한 반대급부를 자신도 모르게 기대하기 때문이다.

이런 종류의 백기사는 자신이 준 도움에 대한 확인, 칭찬, 신뢰, 보상 등을 받길 원하는데, 때로는 사회의 보편적 가치와 상반된 태도와 행동을 취함으로써 자신을 속이게 된다. '나는 늘 베푸는데 상대방은 왜 내 마음 같지 않을까' 하는 배신감에 사로잡히기도 한다. 그래서 상대에게 지나치게 개입하는 '이기적 구원' 행위에 빠지게 되어, 결국은 상대와 건강한 인간관계를 유지하기 힘들게 된다.

또한 백기사는 가스라이팅gaslighting의 가해자가 되는 경우가 많다. 가스라이팅 또는 가스등 효과gaslight effect는 1938년 패트릭 해밀턴Patrick Hamilton이 연출한 연극을 원작으로 한 1944년 영화 〈가스등Gaslight〉에서 유래한 용어이다. 영화 〈가스등〉에서 남편은 아내의 심리를 교묘히 조작하여 아내의 의사결정 능력을 마비시키고 자신에게 복종하도록 만든다. 영화 내용처럼 가스라이팅은 상황 조작을 통해 상대(피해자)가 스스로를 의심하게 만들어 현실감각과 판단력을 앗아간다. 가해자는 피해자를 정신적으로 황폐화시키고 지배력까지 행사해 결국 그를 파국으로 몰아간다.

일반적으로 가스라이팅의 가해자는 피해자에게 "네 말은 틀렸어" "네가 잘못 기억하고 있는 거야" 같은 말을 반복한다. 이를 통해 자존감을 잃고 스스로를 비합리적이라고 느끼게 된 피해자는 가해자에게 정신적으로 의존하게 된다. 결국 가해자가 피해자에 대한 영향력을 키우는 방향으로 둘 사이의 관계는 발전한다. 가스라이팅의 피해자는 생각, 기억, 주변에서 실제로 일어난 사건 등에 대해서 끊임없이 스스로를 의심하도록 강요당한다. 종국적으로는 스스로에 대한 확신을 유지하지 못하고, 자신을 정서적으로 학대하고 폄하하는 가해자의 뜻에 의존하게 된다.

가스라이팅의 가장 큰 문제는 피해자의 판단력을 망가뜨려 본인이 피해자라는 자각조차 하지 못하게 만든다는 점이다. 가스라이팅의 사례는 우리 주위에서 많이 발견된다. 학교나 직장에서의 집단 따돌림, 학교 폭력, 군대 내 가혹행위와 이로 인한 탈영 및 자살, 사이비 종교에 빠지는 일, 데이트 폭력 등도 가스등 효과로 설명할 수 있다.

백기사의 선한 베풂이 베풂 그 자체로 끝나기 위해서는 약자에 대한 도움에 그 어떤 조건도 달려서는 안 된다. 약자에게 도움을 베풀 때 자신도 모르게 생기게 되는 '나는 너의 구원자'라는 자부심은 가스라이팅의 사례와 같이 상대방에게 영향력과 지배력을 행사하게 만들어 궁극적으로는 백기사를, 상대방을 정서적으로 파멸시키는 가해자로 바꾸어버린다. 그뿐만 아니라 도움을 받은 사람에게 (백기사 자신도 모르게) 물적 또는 심적 반대급부를 기대하게 되고, 그 기대가 충족되지 않을 경우에는 의도하지 않았던 배신감도 품게 된다. 이것이 바로 건강하지 못한 인간관계를 형성하는 사회적 병리 현상인 백기사 신드롬이다. 선한 의도가 인간의 내재적 이기심으로 인해 변질된 구원 현상이다. 진정한 도움은 아무런 대가를 기대하지 않는 도움이다. 도움은 도움으로 끝나야 한다.

07

문제?
해결이 아니라 예방해야 하는 것

지식인은 문제를 해결하고, 천재는 문제를 예방한다.

– 알베르트 아인슈타인Albert Einstein

각종 사회 문제에 대한 정부의 땜질식 처방은 늘 시민들의 불만을 불러일으킨다. 문제가 발생하면 그것을 해결하는 데만 급급하니 생각해내는 해결책이란 것이 진부하거나 미봉책에 머무는 경우가 많다. 많은 사람이 착각하는 것이 문제는 해결하면 된다는 것이다. 역설적으로 들리겠지만 문제는 해결하는 것이 아니다. 문제를 해결하면 잘해야 문제 발생 이전의 상황으로 돌아갈 뿐이다. 대부분의 경우 이전보다 상황은 더 악화된다. 병에 걸렸을 때 치료를 받으면 잘해야 이전의 몸 상태로 돌아갈 뿐이다. 치료 후 다시금 같은 병에 걸릴 위험도 크고, 같은 치료를 반복하면 병에 대한 면역력만 약화될 뿐이다.

우리가 필요로 하는 처방은 '예방적 해결책proactive solution'이다. 예방적 해결책은 새로운 대안의 창출을 의미한다. 허리 통증이 발생한 후 이를 치료하는 것보다 허리 근육을 강화할 수 있는 예방적 운동을 꾸준히 하는 것이 훨씬 근본적인 대안이 될 수 있다. 치료는 '소극적 해결책reactive solution'이다. 그래서 삶의 질을 치료 이전의 상태 이상으로 호전시킬 수는 없다. 하지만 예방적 해결책은 우리의 삶의 질을 이전보다 향상시킬 가능성이 매우 크다. 우리가 진정으로 원하는 가치를 시간을 들여 생각하고, 그 가치를 실현하기 위한 창의적 기회를 마련하고 이를 행동으로 옮긴다면 우리의 삶은 지금보다 훨씬 윤택해질 수 있다.

예를 들어, 은퇴 후 갑자기 일자리가 없어지는 상황을 해결해야 한다고 해보자. 만약 은퇴를 눈앞에 두고 또는 은퇴 후 이 문제를 해결하려 한다면 생각할 수 있는 대안은 내가 지금껏 해온 일로 한정될 수밖에 없다. 그런 대안은 내 삶의 질을 은퇴 전보다 높일 가능성이 희박하다. 대신 은퇴를 멀리 앞둔 상황에서 시간을 갖고 은퇴 후 본인이 진정으로 원하는 것에 대해 생각해봤다면 어떨까. 내 삶의 질을 지금보다 훨씬 높일 수 있는 새로운 대안들을 미리 마련할 수 있었을 것이다. 또한 현업에 있다 보면 지금껏 생각하지 못했던 기발한 대안도 생길 수 있다. 은퇴 후 꿈을 실현하기 위해 새로운 것을 배우거나, 새로운 취미 활동이나 분야에 대해 모색하고 준비할 수도 있을 것이다.

　시민의 삶은 정부 정책에 많이 좌우된다. 그런데 정부 정책을 잘 관찰해보면 가만히 손 놓고 있다가 문제가 발생하면 부랴부랴 그것을 원위치시키려는 소극적 해결책에 머무는 경우가 많다. 그것이 유감이다. 그런 해결책이 대부분 진부하고, 별 효과가 없는 이유는 정책 입안자들이 긴 호흡으로 시민이 진정 원하는 삶이 무엇인지 깊이 고민해보지 않았기 때문이다. 그래서 해결책이라고 제시하는 것이 땜질식 처방에 머물게 된다. 땜질이 많아지면 해결책은 누더기가 된다. 누더기 해결책은 시민을 지금보다 더 고단하게 할 뿐이다.

획기적인 솔루션을
찾는 방법

길을 헤매던 앨리스는 고양이에게 묻는다.

"여기서 나가는 길을 알려주지 않을래?"

"네가 어디로 가고 싶은지에 달렸지."

"어디든…" 하고 앨리스가 말하자 고양이는 "그럼 어디로 가든지 상관없잖아"라고 대답했다.

— 루이스 캐럴Lewis Carroll, 《이상한 나라의 앨리스》

예전에 방영됐던 TV 드라마 〈허준〉에 이런 이야기가 나온다. 임금이 총애하는 후궁의 오라비가 얼굴이 마비되는 구안와사口眼喎斜에 걸렸는데, 후궁의 간청으로 어의의 진맥을 받게 되었다. 당시 허준은 임금의 눈 밖에 나 있던 터라 임금은 우선 허준의 라이벌인 유도지를 불러 진맥을 하게 했다. 며칠이면 나을 수 있느냐고 임금이 묻자 유도지는 사흘이면 완쾌시킬 수 있다고 장담했고, 그의 말대로 사흘 후 후궁 오라비의 얼굴은 제대로 돌아왔다. 하지만 얼마 지나지 않아 얼굴이 다시 돌아가 일그러졌고, 임금은 마지못해 허준을 불러 다시 진맥하게 했다. 며칠이면 낫게 할 수 있느냐는 임금의 물음에 허준은 적어도 이레(일주일)는 걸린다고 말했다. 유도지는 사흘이면 나을 수 있다고 했는데 어찌 그리 오래 걸리는 것이냐며 임금이 나무라자 허준은 이렇게 대답한다. "얼굴 자체만 돌아오게 하는 데는 사흘이면 충분합니다. 하지만 진맥해보니 얼굴이 돌아간 이유는 내장에 그 원인이 있사옵니다. 내장부터 치료해야 돌아온 얼굴이 제대로 유지될 수 있습니다."

사람이 살아가는 일은 수많은 문제와 맞닥뜨리며 이를 해결해가는 과정이라고 할 수 있다. 그런데 우리는 문제가 생겼을 때 눈에 보이는 일을 해결하기에 급급하지 정작 그 문제가 왜 생겼는지, 문제의 본질이 무엇인지 따져보는 것은 뒷전일 때가 많다. 경영학에서도 전공 분야에 상관없이 모든 교과목에서 강조하는 것이 있다. 실제 문제에 부딪혔을 때 이를 해결하려면 문제의 본질이 무엇인지부터 제대로 파악하라는 것이다. 이는 세상 모든 문제에도 마찬가지로 적용된다. 문제가 무엇인지 그 본질을 파악하는 것부터 시작하지 않으면 근본적 해결은 요원해진다. 겉으로 드러난 문제에만 집중할 경우, 그 해결책은 단기적이거나 미봉책일 가능성이 매우 크다. 나아가 부분 최적화sub-optimization*에 그칠 위험도 있다.

---

* 부분적으로는 최선의 해결책일 수 있으나 그 해결책들을 모아놓고 보면 전체적인 관점에서 최선이 아님을 말한다. 조직의 병폐인 부서 이기주의silo effect도 부분 최적화의 한 예이다.

대안중심적 사고와 가치지향적 사고

인간의 사고방식은 대안중심적 사고alternative-focused thinking와 가치지향적 사고value-focused thinking로 구분할 수 있다.[86] 대안중심적 사고란 문제의 진정한 본질이나 가치는 살피지 않고 수박 겉 핥기식으로 피상적으로만 문제를 파악해 이에 대한 해결을 핵심 가치로 삼는 사고방식이다. 문제를 피상적으로 파악하기 때문에 생각할 수 있는 대안의 범위도 한정될 수밖에 없고, 따라서 창의적이고 획기적인 문제해결 방안을 찾아내는 데 한계가 있다. 그래서 많은 경우, 대안이라고 내놓는 것이 현재의 방법을 포함한 진부한 것들이 대부분이고, 이렇듯 대안들이 뻔하다 보니 최악의 경우 인간의 현상유지 편향으로 인해 가장 익숙한 현재의 대안이 다시 채택된다.

지금까지 생각지 못했던 획기적인 대안breakthrough을 발견하기 위해서는 의사결정자의 사고방식이 대안중심에서 가치지향으로 전환되어야 한다. 가치지향적 사고란 대안중심적 사고와는 달리 문제의 근본적인 목표가 무엇인지를 먼저 깊이 고민하는 사고방식이다. 근본적인 목표를 알아내기 위해서는 당면한 문제에 대한 의사결정을 통해 우리가 진짜 얻고자 하는 가치values를 파악해야 하며, 이 가치를 목표objectives라는 실천 지향적인 용어로 바꾸는 과정을 거쳐야 한다.

예를 들어, 한 시간 후에 시내 모처에서 중요한 미팅 약속이 있다고 해보자. 차를 타러 주차장에 갔는데 타이어에 펑크가 나 있다. 문제가 발생한 것이다. 이 문제를 어떻게 해결할까? 어떤 이는 보험회사에 수리 서비스를 요청하려 할 것이다. 하지만 이것은 당면한 문제를 해결하는 좋은 방법이 아니다. 지금 우리가 추구해야 할 것이 타이어 펑크 수리일까? 타이어 수리는 나중에 해도 된다. 그보다는 제시간에 약속 장소에 가서 상대방과 중요한 미팅을 성공적으로 마치는 것이 우리가 추구해야 할 근본적인 가치이다. 그리고 그 가치를 추구하기 위해서는 한 시간 이내에 약속 장소에 도달해야 하고, 이것이 지금 우리가 좇아야 할 목표가 된다. 그렇다면 이러한 근본적 목표 달성을 위해 우리가 취할 수 있는 대안에는 무엇이 있을까. 타이어 수리(타이어 수리공이 즉시 온다는 가정하에)를 포함해서 택시나 대중교통을 이용하는 방법, 동료의 차를 빌려 타는 방법, 미팅 상대에게 전화를 해서 약속 시간을 미루는 방법 등등 여러 가지 대안을 생각할 수 있다. 이렇게 타이어 수리 이외에도 다양한 대안이 나올 수 있는 이유는 우리가 풀어야 할 진짜 문제가 펑크 난 타이어를 수리하는 것이 아닌 제시간에 약속 장소에 도착하는 것이기 때문이다.

하지만 아쉽게도 우리가 문제 앞에서 쉽게 제시하는 해결 목표는 피상적인 것에 지나지 않는 경우가 많다. 명의名醫는 겉으로 드러난 증상만을 치료하기보다는 시간이 걸리더라도 환자의 근본적인 체질 개선을 목표로 처방한다.

우리는 "왜 이 목표를 달성해야 하는가?"라는 질문을 통해 피상적인 것에서 좀 더 근본적인 방향으로 목표를 바꿔갈 수 있다. 그리고 이러한 과정을 반복함으로써 문제해결이 궁극적으로 추구하는 핵심적이고 근본적인 가치에 도달할 수 있다.

'문제해결의 목표가 근본적으로 되어 간다'라는 것은 지금의 목표가 이전의 목표들을 포함한다는 의미다. 즉 목표가 근본적인 방향으로 이동함에 따라 이전의 목표는 현재 목표의 부분집합이 된다. 그리고 목표 달성을 위한 대안의 범위도 목표가 근본적인 것으로 이동함에 따라 이전 대안들을 포함하면서 더욱 확대된다. 이렇게 대안의 범위가 확대되면 피상적인 목표에 머물렀을 때는 생각지도 못했던, 새롭고 창의적이며 비용 효과적인 획기적인 대안을 찾을 가능성이 활짝 열리게 된다. 이것이 가치지향적 사고의 유용성이다.

필자가 학생들에게 자주 하는 질문이 하나 있다. 이런 내용이다. 시내 목 좋은 곳에 인기 있는 20층짜리 오피스 빌딩이 있다. 빌딩 입주자들은 대체로 이 빌딩에 만족하고 있다. 단 한 가지 불만이 있다면 엘리베이터가 두 대밖에 없어 불편하다는 점이다. 이 불만을 해소하기 위해 여러분은 입주자들에게 어떤 대안을 제시할 것인가? 학생들의 대답을 들어보면 대부분 홀수·짝수 격층 운행, 저층·고층 분리 운행 등 엘리베이터의 운행 방식에 변화를 주거나, 엘리베이터 추가 설치 혹은 초고속 엘리베이터로의 변경 같은 비용이 많이 드는 대안을 제시한다. 이러한 대답이 주를 이루는 이유는 그들이 풀어야 할 문제를 피상적으로 인식하는 데 있다. 다시 말해 입주자들의 불만을 해소하기 위해서는 엘리베이터 속도를 높이거나 운행 방식을 바꾸어야 한다는, 겉으로 드러난 목표에 머무르기 때문이다. 우리가 진짜 해야 할 일이 엘리베이터의 속도를 높이거나 운행 방법을 바꾸어 엘리베이터가 빨리빨리 움직이도록 하는 것일까?

하지만 이런 방식들이 아니어도 입주자들의 불만을 해결할 수 있는 방법은 많다. 입주자들의 불만의 본질은 무엇이었을까? 다름 아닌 지루함과 짜증이다. 솔직히 엘리베이터 앞에서 가만히 30초만 있어 보라. 그것처럼 지루하고 짜증나는 일은 없다. 이 문제에서 진짜 해결해야 할 일은 엘리베이터의 속도나 운행 방식이 아닌 입주자들의 지루함과 짜증을 달래는 것이다.

이 사례의 경우, 엘리베이터를 기다리는 곳에 신문과 잡지 등 읽을거리를 제공함으로써 많은 돈을 들이지 않고도 입주자들의 불만을 해소할 수 있었다. 엘리베이터를 기다리는 곳에 거울이나 게시판을 설치하는 것도 유용한 방법이다. 같은 30초라도 그냥 우두커니 기다릴 때보다 볼거리가 있을 때 훨씬 덜 지루하게 느껴진다. 이러한 대안이 나오기 위해서는 문제를 바라보는 시각이 달라져야 함은 물론이다.

운전을 하다 보면 자주 막히는 길에는 눈길이 가는 곳에 대형 전광판이 있는 것을 알 수 있다. 그날의 뉴스를 보며 도로 정체로 인한 짜증이나 지루함을 달래라는 것이다.

에스키모인에게 냉장고를 파는 법

문제의 핵심이 무엇인지 시간을 들여 고민함으로써 우리는 지금껏 생각하지 못한 획기적인 대안을 내놓을 수 있다. 성공 가능성이 낮은 일을 시도할 때 '에스키모인에게 냉장고를 파는 일과 같다'고 비유하곤 한다. 결코 성공할 수 없는 일 같지만 실제로 에스키모인에게 냉장고를 판 영업사원이 있다고 한다. "냉장고는 음식을 얼지 않은 상태로 보관할 수 있게 해줍니다." 이 영업사원의 판매 비결이다. 한 가전업체에서는 "사시사철 신선한 채소를 맛볼 수 있게 해주는 냉장고"라는 광고 문안을 내세워 냉장고를 팔았다고 한다. 섭씨 2~3도의 온도를 유지할 수 있는 냉장고의 본질을 파악해 에스키모인에게도 냉장고를 판 것이다.

에스키모인에게 냉장고를 판 것과 유사한 사례가 스님에게 빗을 판 것이다. 어느 빗 제조업체에서 입사 지원자들에게 하루 동안 스님에게 빗을 팔아오도록 했다. 대부분의 지원자는 불가능한 일이라면서 입사 시험을 포기했는데, 그중 세 명의 지원자가 빗을 파는 데 성공했다. 한 명은 하나를, 다른 한 명은 열 개를, 또 다른 한 명은 무려 천 개를 팔았다. 한 개의 빗을 판매한 지원자는 머리를 긁고 있는 스님에게 빗을 팔았다고 했다. 빗 열 개를 판 지원자는 주지 스님에게 신자들이 헝클어진 머리를 단정하게 다듬도록 법당에 빗을 비치하라고 설득했다고 한다. 그렇다면 빗 천 개는 도대체 어떻게 팔았을까? 이렇게 설득했다고 한다. "이 빗에 스님의 필체로 '적선소積善梳'라고 적어 신자들에게 선물로 나누어 주시면 어떨까요? 머리를 빗을수록 선이 쌓이는 빗이라는 의미의 부적처럼요. 아마도 더욱 많은 불자가 이 절을 찾을 겁니다."

획기적인 대안을 내놓기 위해서는 우리의 사고방식이 대안중심에서 가치중심으로 바뀔 필요가 있다. 문제를 만났을 때 피상적으로 바로 드러나는 목표에 휘둘리기보다는 근본적으로 우리가 추구해야 할 가치가 무엇인지를 곰곰이 생각해보는 것이 우선이다. 가끔 이런 질문을 하는 이들이 있다. "가치지향적 사고가 좋은 줄은 알겠는데, 시간이 많이 걸리지는 않을까요?" 그렇지 않다. 실제로 대안중심적 사고로 손쉽게 내놓는 미봉책은 같은 문제를 반복적으로 발생시킨다. 이런 불필요한 재작업 시간과 비용을 생각해보라. 오히려 획기적인 솔루션을 통해 시간과 비용을 아끼는 것은 가치지향적 사고이다.

리더의 자격

저의 직업은 쉬운 일이 아닙니다. 제 일은 우리가 가진 이 위대한 사람들을 데려가 그들을 밀어붙여 더 나아지게 만드는 것입니다.

– 스티브 잡스Steve Jobs

〈남자의 자격〉이라는 인기 TV 예능 프로그램이 있었다. 남자가 죽기 전에 해봐야 할 101가지 일을 출연자들이 매주 체험해보는 프로그램이다. 그렇다면 '리더의 자격'에는 어떤 것들이 있을까? 필자는 리더의 자격으로 다섯 가지, 즉 미래에 대한 혜안, 공정성, 책임감, 민첩성, 실행력을 꼽고자 한다.

우선, 미래에 대한 혜안foresight이다. 벨기에의 초현실주의 화가 르네 마그리트René Magritte의 1936년 작품인 〈통찰력Perspicacity〉을 보면 한 화가가 화폭에 날개를 활짝 펴고 날아오르는 큰 새를 그리고 있다. 흥미로운 점은 화가가 새를 그리면서 새가 아닌

옆 탁자에 놓인 새의 알을 보고 있다는 사실이다. 화가는 그 알을 깨고 나와 성장하게 될 새를 그리고 있는 것이다. 우리도 그림 속 화가처럼 앞을 제대로 내다볼 수 있다면 얼마나 좋을까. 하지만 우리의 바람과는 달리 미래에 대한 혜안을 갖추는 것은 점점 힘들어지고 있다. 세상이 너무 많은 면에서 급속히 변하고 있기 때문이다. 이제 더 이상 과거는 미래의 거울이 아니다. 사람들이 답답할 때 점술가를 찾는 이유이다. 피터 드러커*, 데니스 가보르Dennis Gabor**, 앨런 케이Alan Kay***의 공통점은 무엇일까? 이들 사이에 학문적 공통점은 없으나 각기 자신의 분야에서 큰 족적을 남긴 석학이라는 점은 같다. 훌륭한 선생님에게는 항상 제자들의 수많은 고민 상담 요청이 들어온다. 그 고민 중 하나가 "선생님, 미래를 예측할 수 있는 가장 좋은 방법은 무엇인가요?"이다. 이 질문에 위 세 사람의 대답은 무엇이었을까? 각자 다른 시점에, 다른 장소에서, 자신의 후학들에게 대답한 내용은 놀랍게도 똑같

---

* 오스트리아 출신의 미국인 경영학자(1909~2005). 현대 경영학의 아버지라 평가받는 경영학 그루guru이다. 스스로는 자신을 사회생태학자social ecologist라 불렀다.

** 헝가리계 영국인 전기공학자(1900~1979). 홀로그램hologram의 기초가 되는 홀로그래피holography를 개발한 공로로 1971년 노벨물리학상을 수상했다.

*** 미국의 컴퓨터 과학자(1940~). 객체지향 프로그래밍object-oriented programming과 그래픽 유저 인터페이스GUI: Graphic User Interface를 개발한 이 분야의 선구자이다. 2003년 객체지향 프로그래밍을 개척한 공로로 세계 컴퓨터 학회인 ACMAssociation for Computing Machinery에서 튜링상Turing Award을 수상했다.

다. "네가 원하는 그 미래를 네가 만들어라." 이 대답은 미래를 예측하는 것이 점점 더 힘듦을 반증함과 동시에 자신이 원하는 미래 가치가 무엇인지 먼저 결정한 후 이를 달성하기 위해 최선의 노력을 기울이라는 뜻일 것이다. 어느 재벌기업의 총수는 매년 초가 되면 외국의 모처에 가서 다음을 고민했다고 한다. "앞으로 10년 후 무엇을 먹고살까?" 조직의 리더라면 우선 공동체를 위한 미래 가치와 비전을 제대로 설정하는 것이 필수 요건일 것이다.

둘째, 공정성fairness이다. 사실 공정성은 주관적인 개념이다. 내가 공정하다고 생각하는 것도 상대방이 보기에는 공정하지 않을 수 있기 때문이다. 따라서 주관적인 공정성이 객관성을 가지려면 일이 결정되는 과정이 투명하고 원칙을 따라야 한다. 또한 공정함이란 내가 기여한 만큼 얻는다는 의미이다. 공정성은 자신이 기울인 노력에 비해 너무 많은 혜택을 기대할 때 깨지게 된다. 공정함이란 기회의 공평성equity을 말함이지 결과의 공평성을 이야기하는 것이 아니기 때문이다. 리더는 구성원에게 동등한 기회를 보장하면서 그들 각자의 노력과 성과에 상응하는 대가를 공정하게 분배할 책임이 있다. 그리고 공정한 분배를 위해서는 모든 사람이 동의할 수 있는, 즉 객관성을 가진 나눔의 원칙을 세워야 하고 이를 투명하게 공개해야 한다. 원칙이란 모든 사람을 위하는 것이고, 예외란 소수의 이익만을 대변할 뿐이다.

셋째, 책임감responsibility이다. 리더는 외롭다고 한다. 최종 의사결정을 내려야 할 사람은 리더뿐이기 때문이다. 구성원과 아무리 오랜 협의를 거친다 해도 결국 결정을 내려야 하는 사람은 리더 자신이다. 사회나 조직에서 지위가 올라가면 많은 것이 바뀐다. 월급도 오르고, 개인 사무실도 주고, 비서도 붙고, 자동차도 내 준다. 군에서는 장군이 되면 서른 가지가 바뀐다고 한다. 왜 지위 가 올라가면 이처럼 다른 대우를 받게 되는 것일까? 세상에 공짜 는 없다. 잘 내접받는 내신 그만큼 어깨가 무거워진다. 의사결정에 는 항상 위험이 따르고, 우리가 바라던 결과가 항상 현실화되는 것은 아니다. 미래의 불확실성은 종종 사람들을 위험 회피적으 로 만들고, 발전적인 시행착오를 억제한다. 하지만 발전적인 시행 착오가 없다면 현상에 안주하게 되고, 조직의 발전도 기대할 수 없다. 의사결정에 필연적으로 수반되는 위험 감수는 리더의 몫이 돼야 한다. 자신이 내린 결정에 대해 책임을 회피하고, 그 책임을 타인에게 전가하는 리더는 구성원의 신뢰를 잃게 된다. 구성원의 믿음과 지원을 얻기 위해서는 자신이 결정하고 구성원이 행한 일 에 대해 전적으로 책임지는 자세가 필요하다. 자신이 위임해서 아 랫사람이 결정한 일에 대해서도 기꺼이 책임을 지고자 해야 한다. 그래야 구성원들이 리더와 조직을 위해 기꺼이 위험을 감수하고 일할 수 있는 이른바 '으샤으샤' 분위기가 고취될 수 있다.

　넷째, 민첩성agility이란 미세한 환경 변화도 재빨리 알아차리고 이에 바로 대응하는 능력이다. 개구리 우화의 교훈처럼, 우리 주위에는 서서히 진행되지만 결국에는 우리의 목을 죄어오는 작은 변화들이 적지 않다. 안타깝게도 그것이 누적돼 자신에게 치명적인 모습으로 다가오기 전까지는 그 변화를 알아차리지 못하는 경영자들이 많다. 디지털카메라의 급속한 발전을 예상하지 못했던 코닥과 아그파포토, 폴라로이드의 사업 실패, 냅스터 서비스의 위협을 예상하지 못했던 음반업계의 침체, 플랫폼이 온라인과 모바일로 바뀌었음에도 오프라인과 패키지 상품을 고집했던 세계 최고最古의 여행사 토머스쿡의 파산 등에서 보듯, 상황 변화를 제대로 감지하지 못해 실패한 사례는 무수히 많다. 기업이 의지와는 달리 얼마 존속하지 못하고 사라지는 이유이다. 미세한 변화도 알아차리고 이에 즉각적으로 반응할 수 있는 능력은 지금처럼 변화무쌍한 시대에는 리더의 또 다른 자격이 될 것이다. '선례의 함정'이란 말이 있다. 내가 어떤 방법으로 성공을 이루게 되면 그 방법만이 성공을 가져다준다고 착각한다. '그때는 맞고 지금은 틀리다'라는 말처럼 같은 문제라 하더라도 상황이 변하면 그에 맞는 정답 또한 바뀌게 된다. 하지만 많은 이들이 과거 그 방법만이 성공으로 이끄는 유일한 해법인 것처럼 그것에 집착하고 매몰된다. '성공의 적은 성공'이라는 역설적인 명제가 성립하는 이유이다. 그래서 델컴퓨터의 창업자 마이클 델Michael Dell의 이 말은 새겨봄 직하다. "성공을 이루었거든 10억분의 1초만 축배를 들어라. 그리고 계속 전진하라Celebrate for a nanosecond. Then move on."

다섯째, 실행력executability이란 말과 행동을 일치시키는 추진 능력을 말한다. 우스갯소리로 'NATONo Action Talk Only'라는 말이 있다. 말만 앞서고 행동이 뒤따르지 않는 것이다. 아는 것과 실행하는 것은 차이가 있다. 단지 알고 있을 뿐인데 이를 행했다고 착각하는 리더도 생각보다 많다. 조직의 경쟁력은 반짝이는 아이디어와 기획 능력 자체가 아니라 그 아이디어와 기획을 적시에 행동으로 옮기는 실행력에 달려 있다. 한때 베스트셀러로 주목받았던 《실행에 집중하라Execution》[87]라는 책의 요점도 바로 이것이다. 말만 앞서는 '스마트 토크의 함정smart talk trap'에서 벗어나 구성원의 행동을 실제로 유발하게 하는 실행력과 추진력이 리더에게는 꼭 필요하다. 사람의 생명을 다루는 학문 분야에는 "Hear one, See one, Do one"이라는 금언이 있다. 하나를 들으면 그것을 실제로 관찰하고, 직접 해보라는 말이다. 들은 것은 잊어버리지만, 본 것은 기억하고, 한번 해보면 이해하기 때문이다. 1그램의 행동이 1톤의 아이디어보다 무겁다는 말은 역설이 아니다. "사용하라, 그렇지 않으면 잃을 것이다."

"참으로 아는 사람은
말이 없는 법이다"

우리는 과연 윤리적인가? 많은 이들이 윤리적으로 판단하고 행동하길 원한다. 하지만 그게 마음처럼 쉽게 되지 않는다. 법law은 국가의 강제력을 수반하는 사회 규범으로서 국가 및 공공기관이 제정한 법률, 명령, 규칙, 조례 등을 말한다. 즉 법은 사회의 질서와 안녕을 유지하기 위해 건전한 시민이 지켜야 할 최소한의 규칙이다. 따라서 법을 지키지 않으면 제재와 처벌이 가해진다. 도덕 morality이란 사회 구성원이 양심, 사회적 여론, 관습 따위에 비추어 스스로 마땅히 지켜야 할 행동 준칙이나 규범의 총체를 말한다. 도덕은 외적 강제력을 갖는 법과 달리 시민 각자의 내면적 원리로 작용하며, 선과 악의 관점에서, 인간 상호관계에서 지켜야 할 규범이다. 도덕적이지 않은 인간은 사회적 비난은 받지만, 공권력으로 처벌하기는 힘들다. 윤리ethicality는 사람으로서 마땅히 행하거나 지켜야 할 도리를 말한다. 법이나 도덕보다 넓은 의미가 있다. 그래서 윤리는 가장 추상적인 용어이다. 추상적이기 때문에 모호성이 짙고, 주관적이다.

법, 도덕, 윤리의 정의에 비추어볼 때 법은 도덕의 부분집합이고, 도덕은 윤리의 부분집합이다. 즉 법의 원천은 도덕이고, 도덕의 근본이 윤리이다. 법과 도덕에는 기준점이 있다. 법의 기준점은 명문화된 법조문, 규정, 규칙이고, 도덕의 기준점은 사회에서 보편타당하게 인정하는 선과 악이다. 그래서 법과 도덕을 위반하면 그 기준에 따라 처벌이나 비난이 따른다. 하지만 윤리는 어떤가? 우리가 윤리적으로 판단하고 행동하는 것이 어려운 이유는 윤리가 주관적인 특징을 갖고 있기 때문이다. 내 입장에서는 윤리적으로 판단하고 행동한다고 해도 남이 보기에는 그렇지 않을 수 있다. 아쉽게도 윤리의 준거는 딱히 정하기 힘들다. 굳이 정한다면 개인의 양심이라고 할 수 있다. 그렇지만 개인의 양심은 말 그대로 개인마다 다르다. 타고난 본성, 교육 수준, 자라온 환경 등이 개인에게 영향을 미쳐 저마다의 양심이 형성되기 때문이다. 그래서 남이 보기에도 판단이나 행동이 윤리적으로 되게끔 제어하는 것은 힘들다. 더욱이 나도 모르는 사이에 일으키는 비윤리적 판단이나 행동, 즉 제한된 윤리성은 제어가 더욱 힘들다.

이 책은 독자들과 제한된 윤리성에 초점을 맞추어 담론을 나누고자 하였다. 인간이 부지불식간에 저지를 수 있는 비윤리적 판단이나 행동이 어떠한 원인에 의해 일어나는지를 살펴보고, 이를 교정할 수 있는 처방전을 함께 고민해보고자 하였다. 자기 기여의 과대평가부터 도덕 면허에 이르기까지 열여덟 가지로 언급한 제한된 윤리성의 원인은 우리가 사회에서 목격하거나 경험해온 것임을 독자들은 이 책을 읽어가면서 느꼈을 것이다. 각각의 원인에 의해 일어나는 제한된 윤리성의 크기를 줄일 수 있도록 도와주는 처방전을 일부러라도 실천함으로써 우리 사회를 더 윤리적인 곳으로 변모시킬 수 있을 것이다. 아울러 리더가 지금보다 더 나은 결정을 내리기 위한 지침을 아홉 가지로 나누어 소통하였다. 좋은 결정을 위한 지침을 통해 판단의 덫에 섣불리 걸려들지 않는 방법을 배울 수 있었을 것이다. 아울러 아홉 번째에 언급한 리더의 자격은 지도자라면 갖추어야 할 다섯 가지 자질을 언급함으로써 리더가 자기 조직을 건강한 생명체로 변모시킬 수 있는 팁을 제안하였다.

마지막으로 단순히 이 책을 읽는다고 해서 책에서 제안한 처방전이 내 것이 되는 것은 아님을 꼭 강조하고 싶다. 아는 것과 행하는 것은 다르다. 이 책의 처방전은 번거롭지만 한번 해보고자 하는 독자의 의식적인 실천에 의해서만 체화體化되어 빛을 발할 수 있다. 책에서 제안한 처방전을 몸으로 실천하고자 하는 의지와 노력이야말로 자신의 윤리적 의사결정 능력을 이전보다 현격히 높일 수 있을 뿐만 아니라 자신이 속한 조직과 사회의 건전성을 회복시킬 수 있을 것이다. 성철 스님의 말은 그래서 울림이 있다.

"실행 없는 말은 천번 만번 해도 소용없다. 참으로 아는 사람은 말이 없는 법이다."

후회 없는 의사결정을 위한
잠언 101

1. 나도 모르는 사이에 발생하는 비윤리적 판단이나 행동을 스스로 교정하기 위해서는 제한된 윤리성과 그것을 초래하는 원인이 무엇인지부터 이해해야 한다. (이 책이 좋은 교과서가 될 것이다.)

2. 사람들은 태생적으로 자신이 다른 이들보다 도덕적이고, 또 앞으로도 다른 이들보다 윤리적으로 행동하리라 믿고 있다. 그리고 다른 사람이 저지른 일탈 행위는 자신의 행위보다 훨씬 도덕적으로 문제가 있는 것으로 생각한다.

3. 공동으로 이룬 일에 대한 자신의 기여도는 자신이 아닌 남이 평가하는 것이 더 객관적이다.

4. 나를 객관적으로 보기란 쉽지 않은 문제다. 자신에 대한 과신 오류는 남녀 구분 없이 누구에게나 있다.

5. '희망의 저주'는 자신이 바라는 바가 쉽게 이루어지리라는 근거 없는 믿음을 말한다. 이는 자기 과신과 낙관주의의 산물이다. 희망을 품는 건 좋은 일이다. 하지만 근거 없는 희망은 판단 과정에서 오히려 독이 될 수 있다. 판단과 행동을 분리해서 생각하자. 희망은 행동 과정에서 원동력이 될 수 있다. 하지만 근거 없는 희망은 오히려 판단을 그르친다.

6. 매사에 있어 꿈과 희망을 품되 그것과 함께 현실적인 제약도 함께 생각하라.

7. 희소 자원을 배분할 때 어느 특정 그룹에 대한 호의는 다른 그룹에는 차별이 될 수 있다. 연고 중시 행태는 한정된 자원의 잘못된 배분을 초래할 수 있다. 상대를 개인으로 바라보고 특정 진영이나 집단으로 인식하지 않아야 한다.

8. 짧은 시간에 만장일치로 내린 결정의 신성함은 마치 신神이 내린 결정과도 같다. 하지만 실패의 시작일 뿐이다.

9. 집단사고의 함정에 빠지지 않기 위해서 리더는 어떠한 회의에서든 초기에 의견의 불일치를 조장하는 것이 좋다. 구성원들이 공개적으로 자기 의견을 내놓는 것을 꺼리는 경우, 익명의 건의함이나 리더에게 직접 의견을 전달할 수 있는 의사소통 채널을 설치할 필요가 있다.

10. 리더는 처음부터 자신이 선호하거나 기대하는 것을 구성원들에게 말해서는 안 된다. 리더가 카리스마가 있거나 권위주의적일 경우 더

욱 그렇다. 많은 구성원이 자신의 의견이 리더의 그것과 다를 경우 자신의 의견이 더 좋은 것이라 할지라도 내놓기를 꺼리는 경향이 있기 때문이다.

11. 리더라면 의사결정에 도움이 될 만한 유용한 정보를 폭넓게 수집해야 한다. 유용한 정보란 지금 내가 가진 생각을 지지하는 게 아니라 내 생각과 다른 정보를 말한다. 나의 믿음에 반하는, 그래서 나의 현재 생각을 교정해줄 수 있는 정보가 유용한 정보이다.

12. '악마의 변호인'을 지명해 집단의 고정된 생각과 기존의 가정에 도전하고 반대의견을 개진할 수 있게 하는 것도 집단사고의 함정에서 벗어날 수 있는 방법이다.

13. 고정관념에 휘둘리지 않기 위해서는 객관적 사전확률을 중시하고, 정보의 폭을 넓힐 필요가 있다. "그럴 게 뻔해"라고 자신이 지금까지 당연시해왔던 것에 도전하는 것이 중요하다. 색안경을 벗으면 모든 것이 새롭게 보인다.

14. 인간의 내재적 태도는 '겉과 속이 다른 것'과는 차원이 다르다. 부지불식간에 특정 집단에 대한 숨겨진 감정이 결정적인 순간에 표출되기 때문이다. 일상생활에서 자신도 모르게 사용하는 차별적 단어를 인지하고 수정하려는 노력, 상대방을 집단의 일원이 아닌 독립된 개인으로 바라보려는 노력, 그리고 자신이 갖고 있을지도 모르는 특정 집단에 대한 편견을 반증하고자 하는 노력이 필요하다. 내 믿음을 지원하는 정보가 아닌 나의 편견을 교정할 수 있는

정보를 다양한 정보원으로부터 의식적으로라도 수집하는 활동은 내재적 태도가 가져올 수 있는 오류의 빈도와 크기를 줄일 수 있다.

15. 무엇에 의해 평가되느냐에 따라 사람의 행동은 달라진다. 그래서 좋은 취지로 잘 만들었다고 생각한 목표가 오히려 구성원들의 비윤리적 행위를 조장할 뿐만 아니라 그러한 비윤리적 행위를 오히려 장려하고 보상하는 것이 될 수 있다. 리더가 자신들이 설정한 목표와 보상시스템이 구성원들의 행동에 어떠한 영향을 미칠지 조심스럽게 예견하지 못하면 의도하진 않았지만 결국 비윤리적인 행위를 조장할 수 있다.

16. "예외 없는 원칙은 없다"라는 말처럼 허망한 것이 없다. 상황에 따라 유연하게 대응한다고 조금씩, 조금씩 이동한 원칙은 결국 원칙을 누더기로 만들 뿐이다. 한번 이동된 원칙은 절대 원래 상태로 돌아오지 않는다. 원칙이 정해지기까지는 치열한 논쟁도 필요하지만 한번 결정된 원칙은 지켜져야 한다.

17. 모든 일은 작게 시작한다. 원칙에서 작은 편차가 보일 때 그때 고쳐야 한다.

18. 자기 일을 남에게 넘길 경우, 훌륭한 리더라면 그 일이 가져올 윤리적 사안에 대해서도 책임 의식을 가지고, 혹시라도 남의 손을 빌려 간접적으로 비윤리적 행동을 유발하는 것은 아닌지 항상 스스로 경계해야 한다. 아울러 다른 사람이나 조직이 나를 위해 일하는 경우, 혹시 내가 비윤리적 행위가 일어날 가능성을 높일 수 있는 환경

을 조성하고 있는 것은 아닌지 숙고할 필요가 있다. 그것이 리더가 갖춰야 할 자질이자 조직의 존속성을 위한 조건이다.

19. 의사결정이 어려운 이유는 그것에 영향을 받는 사람이 다양하고 그들의 욕구가 상충하기 때문이다. 이해관계자들의 욕구가 상충할 경우, 그들 모두의 욕구를 만족시키는 방법은 아쉽지만 존재하지 않는다. 이럴 땐 전체적인 관점에서 희생의 폭을 최소화할 수 있는 '만족해'를 추구하는 것이 해법이다. 리더라면 전체를 위해 일부의 희생이 불가피한 이유를 설명하고, 이해시킬 수 있는 진지함과 논리적 설득력, 의사소통 능력, 그리고 실천력이 필요하다. 그렇지 않으면 진영논리에 빠지거나 인기영합주의자가 될 위험이 크다.

20. 선한 의도가 곧 좋은 결과를 담보하는 것은 아니다. 주기적으로 다음 질문을 스스로에게 던져보자. 첫째, "내가 지금 하려는 판단이나 행동이 정녕 사람이나 동물 등 수혜 대상을 위한 것이 맞는가? 혹시 나의 도덕적 허영심을 채우기 위해 이 일을 하는 것은 아닌가?" 둘째, "내가 이러한 판단이나 행동을 했을 때 수혜 대상에게 일어날 수 있는 일에는 무엇이 있는가? 그 결과가 내 의도와는 다르게 부정적일 때 그것에 대해 내가 책임질 수 있는가?" 이러한 질문에 답하려는 노력은 나의 근시안적 의사결정의 빈도를 크게 줄여줄 것이다.

21. 어떤 의사결정이 윤리적이려면 그것의 파급효과까지 고려할 수 있어야 한다. 한 집단에 유리한 의사결정이 다른 집단에는 불리할 수

있듯이 어느 한 시점에서의 윤리적 의사결정이 다른 시점에서도 꼭 그런 것은 아니기 때문이다.

22. "내가 지금까지 해오던 대로 일하거나 생활을 하면 내가 이루고자 하는 꿈이나 목표를 달성할 수 있을까?" 이 질문에 대한 대답은 아마도 "아니다"일 것이다. 이러한 자문자답은 나를 현상에서 벗어나게 하는 계기가 될 수 있다.

23. 인간은 의사결정자로서 대부분 직극적이기보다는 소극적이다. 그래서 특별한 선택을 일부러 하기보다는 주어진 기본값에 따라 행동하는 것을 선호한다. 기본값은 지금 무엇을 선택해야 한다는 정신적인 고통을 제거해준다. 하지만 기본값이 잘못 설정될 경우, 나도 모르는 사이에 개인적 비용뿐만 아니라 사회적 비용도 증가한다. 모든 정책의 기본값을 잘 만들어야 하는 이유가 여기에 있다.

24. 사람은 적극적인 의사결정자가 아니기 때문에 웬만해서는 움직이려고 하지 않는다. 왜냐하면 인간은 어떤 일을 함으로써 발생하는 개인적 피해보다는 어떤 일을 하지 않음으로써 발생하는 사회적 피해를 자신도 모르게 선호하는 특성이 있기 때문이다.

25. 움직이려 하지 않는 사람에게 움직이라고 설교하는 것은 "너나 잘하세요"란 반응을 일으키기 쉽다. 그래서 기본값의 설계가 중요하다. 인간은 어떤 특별한 행동을 하지 않더라도 자신에게 적용되는 기본값을 습관처럼 그대로 받아들인다. 그것이 편하기 때문이다.

26. 도덕성의 분리란 특별한 상황에서 보편타당한 윤리적 기준이 자신

에게는 적용되지 않음을 스스로 확신시키는 과정을 말한다. 보편 타당한 도덕성의 기준은 당연히 나에게도 적용됨을 명심하자.

27. 나의 비윤리적 행동을 최악의 사례와 비교하지 말라. 내 행동이 최악의 사례보다 덜 비윤리적일 가능성은 매우 크다.

28. 자신의 잘못된 행동이 남에게 미치는 영향은 '별거 아니야'가 아니다. 사람들은 장난으로 개구리에게 돌을 던지지만 맞는 개구리에게 돌은 재앙이 된다.

29. "다른 사람의 처지를 생각할 줄 모르는 생각의 무능은 말하기의 무능을 낳고 행동의 무능을 낳는다." 한나 아렌트가 말한 나치 전범 아돌프 아이히만이 유죄인 이유다.

30. '모두의 책임'이라는 말처럼 무책임한 것도 없다. '모두의 책임'은 바꾸어 말하면 '누구의 책임도 아니다'라는 말이다. 리더가 해서는 안 될 말 중 하나이다. 책임을 불특정 다수에게 분산시켜 나중에는 아무도 그 일에 책임지려 하지 않기 때문이다.

31. '공정한 세상 오류'라는 그릇된 신념은 문제의 본질을 보기보다는 오히려 피해자가 그 일을 자초했다며 피해자를 비난하게 만든다. 가해자가 피해자로 둔갑하거나 선악이 뒤바뀌는 기현상이 일어나게 된다.

32. 역설적이지만 도덕적 인간이 오히려 나쁜 사회를 만든다. 자신이 도덕 면허를 받았다는 자기 최면적 착각이 무의식적으로 훅 치고 들어와 모순적 생각과 행동을 아무렇지도 않게, 아무 죄책감 없이 저

지를 수 있기 때문이다.

33. 의사결정을 내릴 때마다 '이 의사결정이 어떠한 윤리적 논란거리를 가져올 수 있는지'를 의식적으로 자문해보자. 이 질문에 답하고자 하는 노력은 윤리적 의사결정을 우리 몸속에 체화하는 첫 단계가 될 것이다.

34. 불확실성하에서 의사결정이 힘든 이유는 현시점에서 내린 의사결정의 결과를 통제할 수 없기 때문이다. 의사결정과 결과 사이에는 시간 간격이 존재하고, 그 시간 동안 내가 예상하지 못했거나 통제할 수 없는 환경의 변화는 일어난다.

35. 우리는 위기를 맞았을 때 위험에 빠지는 것이 아니라 위기가 있음에도 이를 모른 척 방관할 때 돌이킬 수 없는 위험에 빠진다.

36. 인간의 제한된 의지력은 미래가 중요하다는 것을 알면서도 현실에 급급하게 만들어 미래 가치를 평가절하하는 어리석음을 범한다. 그래서 판단이 근시안적이고 미봉책에 그친다.

37. 회색 코뿔소에 대응하기 위해서는 첫째, 회색 코뿔소의 존재 경고를 올바로 인지하고, 둘째, 회색 코뿔소가 눈앞에 나타날 때까지 시간을 낭비하지 말고, 셋째, 회색 코뿔소의 성격을 규정한 후 미리 대비책을 강구하고, 넷째, 회색 코뿔소를 전화위복의 계기로 삼아야 한다.

38. "네가 인식하지 못하는 것이 있다. 바로 위기감이다. 할 수 없는 것이 아니라 하지 않고 있다는 안도감, 너만은 실패할 리 없다는 안도

감, 하지만 이대로 가면 넌 실패한 수많은 사람 중 한 명이 될 것이다." 빌 게이츠의 말이다.

39. 감정에 치우친 반사적 행동은 후회를 불러일으키는 경우가 다반사다. 화나는 일이 생기면 일단 잠깐 멈추고, 숨을 깊게 들이마시라. 그리고 시간을 갖고 상황을 찬찬히 되짚어보라. 길게도 아니다. 한 3분 정도만 호흡을 가다듬자. 나중에 생각하면 별일 아닐 수 있다.

40. 문제를 대할 땐 감정을 자극하는 문구, 표현, 표정, 그림 등을 모두 배제하고 바라보자. 그래도 같은 결정을 내린다면 감정 휴리스틱의 함정에서 어느 정도 벗어나 있다고 볼 수 있다.

41. 세상에는 세 가지 종류의 거짓말이 있다. 거짓말, 새빨간 거짓말, 그리고 통계다. 통계는 가장 지독한 거짓말일 수 있다. 의도가 무엇이냐에 따라 수치, 그래프, 그림, 사진 등은 달리 보이게 만들 수 있다.

42. 선한 베풂이 베풂 자체로 끝나기 위해서는 약자에 대한 도움에 그어떤 조건도 달려서는 안 된다. 진정한 도움은 아무런 대가를 기대하지 않는 도움이다. 도움은 도움으로 끝나야 한다.

43. "기억나지 않는데요." 정말 기억나지 않는 것이 아니라 자신이 했다고 생각하고 싶지 않은 비윤리적인 행위를 기억하고 싶지 않아서 일어나는 '망각 증세'를 조심하자.

44. 이미 저질러버린 비윤리적 행동에 대해서는 괴롭겠지만 그에 대한 성찰의 시간을 가져야 한다. 자신을 성찰하겠다는 마음가짐과 그에 대한 의식적 실천은 자신의 비윤리적 행위에 대한 기억을 생생하게

만들어준다. 성찰을 통해 생긴 생생한 기억은 자신의 행위에 부끄러움을 느끼고 반성하게 만들며, 마침내 그 행동을 바로잡게 만드는 교훈을 줄 수 있다. 이것이 맹자가 말한 '수오지심'이다.

45. 미래를 예측할 수 있는 가장 좋은 방법은 무엇일까? "네가 원하는 그 미래를 네가 만드는 것이다." 피터 드러커, 데니스 가보르, 앨런 케이의 공통된 우문현답이다.

46. 원칙이란 모든 사람을 위하는 것이고, 예외란 소수의 이익만을 대변할 뿐이다.

47. 미래의 불확실성은 종종 사람들을 위험 회피적으로 만들고, 발전적인 시행착오를 억제한다. 의사결정에 필연적으로 수반되는 위험 감수는 리더의 몫이다.

48. 우리 주위에는 지금도 서서히 진행되지만 우리의 목을 죄어오는 작은 변화들이 적지 않다. 지금과 같이 변화무쌍한 시대에는 미세한 변화도 알아차리고 이에 대해 즉각적으로 반응할 수 있는 리더의 능력이 필요하다.

49. 과거에 성공을 안겨주었던 방법은 이미 지나간 방법이다. 문제는 같더라도 세상이 바뀌면 정답도 달라져야 하지만 어리석은 사람들은 옛 성공방정식에 매몰된다.

50. 말만 앞서는 '스마트 토크의 함정'에서 벗어나 구성원들의 행동을 실제로 유발하게 하는 실행력과 추진력이 리더에게는 꼭 필요하다. 1그램의 행동이 1톤의 아이디어보다 무겁다. 사용하지 않는 아이디

어는 잃게 될 뿐이다.

51. 하나를 들었으면 그것을 실제로 관찰하고, 직접 해보라. 들은 것은 잊어버리지만, 본 것은 기억하고, 한번 해보면 이해하기 때문이다.

52. 많은 사람이 착각하는 것이 문제는 해결하면 된다는 것이다. 역설적으로 들리겠지만 문제는 해결하는 것이 아니다. 문제를 해결하면 잘해야 문제 발생 이전의 상황으로 돌아갈 뿐이다. 우리가 필요로 하는 처방은 선제적이고, 예방적인 해결책이다.

53. 명의는 겉으로 드러난 증상만을 없애기 위해 치료하기보다는 시간이 걸리더라도 환자의 근본적인 체질 개선을 목표로 처방한다. 당신이 추구하는 가장 근본적이고 핵심적인 가치를 고민하라.

54. 미국의 제33대 대통령 해리 트루먼은 이렇게 말했다. "대통령은 국민을 위한 최선이 무엇인지 판단하기 위해 가능한 모든 정보를 확보해야 하며, 이를 위해서는 기본적인 인격과 공부가 필요하다. 대통령은 자신이 믿으며 살아온 원칙에 비춰볼 때 무엇이 옳은 일인지 결정해야 할 뿐 아니라, 다양하고 많은 사람의 의견에도 기꺼이 귀를 기울임으로써 자신이 내리려는 결정이 그들에게 미칠 영향까지 파악해야 한다. 그리고 옳다는 확신이 서면 무슨 일이 있어도 자신의 결정에서 물러나서는 안 된다. 일단 결단을 내리면 끝까지 밀어붙여야 하고, 그 결정이 틀렸다고 말하는 주변 이들의 압력에 흔들려서는 안 된다. 만약 스스로 잘못된 결정이라고 판단되면 더 많은 정보를 수집해 다시 결정해야 한다. 생각을 고쳐 처음부터 다시

시작할 줄 아는 능력도 필요하다."

55. 해리 트루먼 대통령은 이런 말도 했다. "지금껏 살아오면서 나는 어떤 결정이든 일단 내리고 난 후에는 잊었다. 그것이 최선이다."

56. 여러 사람의 조언을 비교해보라. 또 그들의 의견과 자신이 알고 있는 정보를 비교해보라.

57. 행동 후에는 결과를 정리하라. 내가 내린 결정이 어떤 결과를 낳았는가? 더 취해야 할 조치는 없는가? 정리는 새로운 아이디어를 창조한다.

58. 무지의 상태를 경계하라. 정보를 수집하라. 아주 평범하고 사소한 정보가 결정적 역할을 할 수도 있다. 알프스산맥을 넘을 생각이라면 일기예보를 확인하라.

59. 중요한 결정을 내릴 때 의지하는 핵심 원칙이 있는가?

60. 옳다고 믿는다면 세상의 비판을 감수할 각오를 하라.

61. 끊임없이 배우고 공부하라. 직감에 따라 결정을 내린다는 사람들도 알고 보면 내면에 상당한 지식과 경험이 쌓여 있는 법이다.

62. 불필요하게 망설이지 마라. 사소하고 간단한 결정에 너무 많은 중요성을 부여하지 마라. 그것들 때문에 더 크고 중요한 결정에 쏟을 에너지를 빼앗겨서는 안 된다.

63. 타인의 조언을 환영하는 것은 훌륭한 의사결정을 내리는 사람의 특징이다.

64. 조용히, 그러나 부지런히 준비하고 노력하라. 그러면 뜻밖의 행운도

자연히 따라올 것이다.

65. 에이브러햄 링컨은 이렇게 말했다. "내게 나무를 쓰러트릴 여섯 시간을 준다면 도끼날을 가는 데 네 시간을 쓰겠다." 알베르트 아인슈타인도 이렇게 말했다. "만일 내게 지구를 구할 한 시간이 주어진다면, 문제를 정의하는 데 55분을 쓰고 그것을 해결하는 데 5분을 쓰겠다." 두 위인의 금언을 기억하자.

66. 《성경》의 〈전도서〉에는 "모든 일에는 다 때가 있다"고 말한다. 결정에서도 타이밍의 문제는 중요하다. 때가 왔을 때 결정을 내려야 한다. 최고의 효과를 발휘할 수 있는 시점에 결정을 내리고 움직여야 목표를 달성할 수 있다. 아울러 늘 깨어 있는 마음가짐으로 변화하는 주변 상황을 포착해야 한다. 그리고 늘 행동할 준비를 하고 있어야 한다. 아무리 뛰어난 결정이라도 실행에 옮기지 못한다면 무용지물이나 마찬가지다.

67. 결정을 내리는 것은 그 누구도 도와줄 수 없는 일이다. 결정을 내린 후에는 결코 다른 사람의 뒤에 숨지 마라. 내 결정에 따르는 모든 책임은 내가 진다.

68. 결정에 힘을 실어줄 지지자를 모아라. 논란의 소지가 큰 결정일수록 더더욱 그렇다. 이는 의존적인 것이 아니라 신중한 것이다.

69. 훌륭한 의사결정은 지식과 경험, 뚜렷한 목적의식을 토대로 한 자신감에서 나온다.

70. "마음을 정하기 어려울 때는 이렇게 하십시오. 당신이 떠올릴 수 있

는 가장 가난하고 나약한 사람의 얼굴을 떠올리십시오. 그리고 이런 질문을 던지십시오. 지금 내가 하려는 선택이 그 사람에게 조금이라도 이로움을 주게 될까? 그가 무엇이라도 얻게 될까? 그가 자신의 삶과 운명에 대한 통제권을 되찾는 데 나의 행동이 도움이 될까?" 마하트마 간디의 말이다.

71. 적이 누구인지 파악하고 그들을 존중하라. 하지만 그들이 우위를 점하게 놔두시는 마라.

72. 어느 영역이나 축적된 지식의 저수지가 존재하기 마련이고, 누구나 거기서 영감과 자양분을 얻을 수 있다. 우리는 그것을 현명한 결정을 내리는 데 활용할 수 있다.

73. 레이철 카슨Rachel L. Carson은 《침묵의 봄Silent Spring》[*88]에서 이렇게 썼다. "그 결정은 우리가 잠시 권력을 맡긴 관료들이 내린 것이다. 그들은 자연의 아름다움과 질서에 깊고 중요한 의미가 담겨 있다고 믿는 수많은 사람이 잠시 주의를 기울이지 않는 틈을 타 결정을 내렸다."

74. 늘 부족하다고 생각하면서 계속 배우고 공부하라. 훌륭한 결정은

---

* 미국의 해양생물학자인 레이철 카슨이 '봄은 왔지만 살충제의 독성에 의해 새들의 지저귀는 소리는 사라진 조용한 봄'을 은유한 제목의 책이다. 미국에서 살포된 살충제나 제초제로 사용된 유독물질이 생태계에 미치는 환경 영향을 분석하여 1962년에 출간한 이 책은 서양에서 환경운동의 시작 계기가 되었다.

충분한 지식과 정확한 현실 감각에서 나온다.

75. 가장 좋아하는 것과 가장 잘하는 것을 조합할 방법을 찾아라. 그것과 관련된 결정들보다 더 중요한 것은 없다.

76. 다른 선택지가 없어 어쩔 수 없이 내려야 하는 결정이라면 정면으로 받아들여라. 피할 수 없으면 받아들일 줄도 알아야 한다.

77. 당신을 공격하는 사람은 언제라도 나타날 수 있다. 물러서지 말고 소신을 지키되 우아하게 반격할 방법을 찾아라.

78. 자동차왕 헨리 포드는 이렇게 말했다. "결정한 것을 끝까지 밀고 나갈 줄 모른다면 당신이 내리는 결정은 아무짝에도 쓸모없다."

79. 헨리 포드는 소비자 선호도 조사를 통해서는 혁신이 나오지 않는다며 이렇게 말했다. "만일 내가 사람들에게 무엇을 원하느냐고 물어봤다면 그들은 더 빠른 말을 원한다고 대답했을 것이다."

80. 당신에게 가장 큰 문제는 무엇인가? 그것에 온 에너지를 집중하라. 지엽적인 부분이 아니라 진짜 장애물에 집중하라.

81. 사람의 중요성을 간과하지 마라. 나의 결정이 나 자신과 다른 이들에게 어떤 식의 동기부여를 할 수 있는지 항상 생각하라.

82. 곧 닥칠 문제가 있는지, 나의 전진을 방해할 장애물이 있는지 늘 밝은 눈으로 살펴라. 그리고 가능하다면 문제가 터지기 전에 미리 처리하거나 대비하라.

83. 꾸물거리지 마라. 필요한 순간에 지체하지 말고 행동하라. 무엇을 해야 할지 판단이 섰다면 곧장 실행에 옮겨라.

84. 목표에 조금 천천히 도달해도 괜찮다고 생각하라. "완벽하게 하려다 오히려 일을 그르친다." 항상 과녁의 중앙을 맞혀야 하는 것은 아니다. 바깥쪽 원을 맞혀도 점수는 올라간다.

85. 명확하고 구체적인 목표를 세워라. 목표를 종이에 적어라. 신뢰할 수 있는 이들에게 그 목표를 보여주고 조언을 얻으라.

86. 결정의 과정에 사람들을 참여시키고 조언을 청하라. 꼭 조언을 받아들일 필요는 없지만 먼저 청하지 않으면 절대로 도움을 얻을 길이 없다.

87. 비판을 기꺼이 마주하라. 심지어 비웃음과 조롱 앞에서도 의연하라. 그것도 중요한 결정을 내리고 추진하는 과정의 일부라고 여겨라. 그런 목소리를 피해 도망치지 말고 얼굴이 두꺼운 사람이 돼라.

88. 중요한 결정을 외부와 단절된 진공 상태에서 내려서는 안 된다. 자료를 찾아 읽고, 정보를 수집하고, 주변 사람들의 지혜를 활용하라. 그러나 결국 최종 결정은 내가 내려야 한다.

89. 늘 촉수를 세워두라. 깨어 있어야 발견할 수 있다.

90. 세상의 통념에 얽매이지 마라. 그러면 기득권층에 절대 맞서지 못한다.

91. 현재 상태에 만족하지 마라. 내가 더 할 수 있는 일은 언제나 남아있다.

92. 영감은 존재하고 혁신적 발견은 일어날 수 있지만, 그것은 내가 노력하고 있어야 찾아온다.

93. 내가 만일 어디로 갈지에 대해 신경 쓰지 않는다면, 어떤 선택이든 마찬가지다. 가고 싶은 곳이 어디인지 안다면 분명 그곳에 도달할 가능성도 훨씬 높아질 것이다.

94. 우리 모두는 손쉽게 구할 수 있는 정보에 생각의 닻을 내리는 경향이 있다.

95. 맨 처음 떠오른 생각은 버려라.

96. 할지 말지를 결정하지 말라. 이것에 대한 대답은 십중팔구 '안 한다'이다. 즉 현상 유지이다.

97. 대안의 질quality은 가치를 얼마나 잘 충족시키느냐에 달려 있다.

98. "성공은 아버지가 많지만 실패는 고아다." 성공 스토리는 많이 회자되지만 실패 스토리는 숨겨진다는 말이다. 성공은 우연히 일어나도 떠벌리지만, 실패는 누가 알세라 쉬쉬하기 때문이다. 역설적인 표현이지만 성공의 적은 성공이다. 일등의 가장 큰 적은 성공이 가져온 자만심이다.

99. 실패는 적어도 우리에게 세 가지 교훈을 준다. 반성의 교훈, 겸손의 교훈, 그리고 교정의 교훈이다. 실패를 공유하고, 실패로부터 배우자.

100. 방 안의 코끼리를 과감하게 끄집어내라. 불편한 진실을 묻고 가는 조직은 언젠가 그 코끼리에게 밟히게 된다.

101. 세상에 당할 수 없는 것이 네 가지 있다. 술에 장사 없고, 매에 장사 없고, 세월에 장사 없고, 변화에 장사 없다. 최후까지 살아남는 종種은 변화에 순응하는 종이다.

1   Chugh, Dolly, Max H. Bazerman, and Mahzarin R. Banaji
    (2005), "Bounded Ethicality as a Psychological Barrier to
    Recognizing Conflicts of Interest." In Moore, Don A., Daylian
    M. Cain, George Lowenstein, and Max H. Bazerman (Eds.),
    Conflicts of Interest: Challenges and Solutions in Business,
    Law, Medicine, and Public Policy (pp. 74-95), Cambridge:
    Cambridge University Press.

2   김유겸 (2018), "누구든, 자기가 가장 열심히 했다는데…", 〈동아비
    즈니스리뷰〉, 240호, pp. 32-35.

3   Gino, Francesca (2015), "Understanding ordinary unethical
    behavior: why people who value morality act immorally,"
    Current Opinion in Behavioral Sciences, Vol. 3, pp. 107-111.

4   Cannell, John (1987), "Nationally Normed Elementary

Achievement Testing in America's Public Schools: How All Fifty States are Above the National Average," Nonpartisan Education Review, 13(1), pp. 1-17.

5   Leary, Mark R. (2004), The Curse of the Self: Self-Awareness, Egotism, and the Quality of Human Life, Oxford University Press, p. 57.

6   Beckwith, Harry (1997), Selling the Invisible, Warner Books, p. 21.

7   Frank, Robert H. and Philip J. Cook (1996), The Winner-Take-All Society: Why the Few at the Top Get So Much More Than the Rest of Us, Penguin Books, p. 104.

8   Oettingen, Gabriele, Doris Mayer, and Babette Brinkmann (2010), "Mental contrasting of future and reality: Managing the demands of everyday life in health care professionals," Journal of Personnel Psychology, 9(3), pp. 138-144.

9   김영란, 김두식 (2013), 《이제는 누군가 해야 할 이야기》, 쌤앤파커스, pp. 74-76.

10   "사법독점 절대권력·끈끈한 연고주의…웬만해선 그들을 막을 수 없다", 〈공정뉴스〉, 2020. 6. 24.

11   "대기업 임원 서울·호남 출신 편중 현상", 〈중앙일보〉, 1988. 8. 13.

12   "세 가지 통합 이야기", 〈영남일보〉, 2013. 1. 8.

13   "미래를 예측할 수 있다고? 꿈깨라", 〈조선일보〉, 2009. 4. 18.

14   양중진 (2020), 《검사의 대화법》, 미래의창, pp. 66-67.

15   Zenko, Mikah (2015), Red Team, Basic Books.

16 Sawyer, Keith (2013), Zig Zag: The Surprising Path to Greater Creativity, Jossey-Bass, p. 191.

17 귄터 발라프 (2010),《암행기자 귄터 발라프의 언더커버 리포트 Aus der Schönen Neuen Welt. Expeditionen ins Landesinnere》, 프로네시스, p. 9.

18 2010년 1월 10일 〈SBS스페셜〉 '나는 한국인이다-출세만세'의 2부 '나도 완장을 차고 싶다'에서 방영.

19 Brochet, Frédéric (2001), "Chemical Object Representation in the Field of Consciousness," Application Presented for the Grand Prix of the Academie Amorim, Unpublished manuscript.

20 Eberhardt, Jennifer L., Phillip A. Goff, Valerie J. Purdie, and Paul G. Davies (2004) "Seeing Black: Race, Crime, and Visual Processing," Journal of Personality and Social Psychology, Vol. 87, No. 6, pp. 876-893.

21 이 사건의 동영상은 유튜브(https://www.youtube.com/watch?v=yIeQO1-4STY)에서 볼 수 있다.

22 "It looks like Amy Cooper, the white woman in the viral Central Park video, is a liberal. That's important," Voices, The Independent, May 27, 2020.

23 "Men more likely than women to be seen as brilliant," New global study finds an unconscious stereotype linked to gender, New York University, News Release, 2020. 7. 2. Storage, Daniel, Tessa E. S. Charlesworth, Mahzarin R. Banaji,

and Andrei Cimpian (2020), "Adults and children implicitly associate brilliance with men more than women," Journal of Experimental Social Psychology, Vol. 90, 104020 (online).

24 https://implicit.harvard.edu/implicit/ 내재적 연관 검사를 수행하는 사이트이다. 한국어를 포함한 여러 가지 언어로 검사를 수행할 수 있다.

25 Kiefer, Amy K. and Denise Sekaquaptewa (2007), "Implicit stereotypes and women's math performance: How implicit gender-math stereotypes influence women's susceptibility to stereotype threat," Journal of Experimental Social Psychology, 43(5), pp. 825-832.
Steffens, Melanie C., Petra Jelenec, and Peter Noack (2010), "On the leaky math pipeline: Comparing implicit math-gender stereotypes and math withdrawal in female and male children and adolescents," Journal of Educational Psychology, 102(4), pp. 947-963.

26 나은영, 권준모 (2002), "암묵적 연합 검사에 의한 지역 편견의 강도 측정 및 응용", 한국심리학회지: 사회 및 성격, 16(1), pp. 51-74.

27 Milkman, Katherine L., Modupe Akinola, and Dolly Chugh (2012), "Temporal Distance and Discrimination: An Audit Study in Academia," Psychological Science, 23(7), pp. 710-717.

28 "Black people 'less intelligent' scientist claims," The Times, October 17, 2007.

29 Eagly, Alice H., Christa Nater, David I. Miller, Michèle Kaufmann, and Sabine Sczesny (2019), "Gender Stereotypes Have Changed: A Cross-Temporal Meta-Analysis of U.S. Public Opinion Polls From 1946 to 2018," American Psychologist, 75(3), pp. 301-315.

30 "美 법원 최종판결 '법무부 S&P 제소 타당성 인정'", 〈아시아경제〉, 2013. 7. 17.

31 Hardin, Garret (1968), "The Tragedy of the Commons," Science, Vol. 162, pp. 1243-1248.

32 Heller, Michael A. (1998), "The tragedy of the anticommons: property in the transition from Marx to markets," Harvard Law Review, 111(3), pp. 621-688.
Heller, Michael A. and Rebecca S. Eisenberg (1998), "Can Patents Deter Innovation? The Anticommons in Biomedical Research," Science, 280(5364), pp. 698-701.
Heller, Michael A. (2008), The Gridlock Economy: How Too Much Ownership Wrecks Markets, Stops Innovation, and Costs Lives, Basic Books.

33 문홍안 (2016), "반공유재의 비극 - 그 서론적 고찰", 일감법학, 건국대학교 법학연구소, 35권, pp. 157-186.

34 "물류창고 화재 '최적격낙찰제·작업중지권'으로 막자", 〈매일노동뉴스〉, 2021. 4. 7.

35 "멀고 먼 중대재해 근절…김형 대우건설 사장, 다단계 재하도급 몰랐나", 〈1코노미뉴스〉, 2021. 3. 16.

36 "롤렉스시계에 판 '신뢰'…美회계법인 파트너, 고객사 정보 친구에 제공", 〈한국경제〉, 2013. 4. 12.

37 "A Cancer Drug's Big Price Rise is Cause for Concern," The New York Times, 2006. 3. 12.

38 Hiquet, Rose and Won-Yong Oh (2019), "Ethics Issues in Outsourcing to Emerging Markets: Theoretical Perspectives and Practices," In Osuji, Onyeka, Franklin N. Ngwu, and Dima Jamali (Eds.), Corporate Social Responsibility in Developing and Emerging Markets: Institutions, Actors and Sustainable Development (pp. 336-347), Cambridge: Cambridge University Press.

39 Bazerman, Max H. and Ann E. Tenbrunsel (2011), "Ethical Breakdowns. Good people often let bad things happen. Why?" Harvard Business Review, April, pp. 58-65.

40 "정부 양육수당 지원에도 '입양 아동수' 줄어든다", 〈RESEARCH PAPER〉, 2022. 1. 16.

41 '뇌출혈' 입양아 父 "이달 3차례 폭행"…양육수당 매달 챙겨, 〈TV CHOSUN〉, 2021. 5. 10.

42 https://theqoo.net/square/1038199880

43 "새 임대차法이 쏘아올린 '전세대란'의 역설", 〈시사저널〉, 2021. 2. 2.

44 Ahern, Kenneth R. and Amy Dittmar (2012), "The Changing of the Boards: The Impact on Firm Valuation of Mandated Female Board Representation," Quarterly Journal of Economics, 127(1), pp. 137-197.

45 나카무로 마키코, 쓰가와 유스케 (2018), 《원인과 결과의 경제학》, 윤지나, 리더스북, p. 129.

46 "女性管理職の平均割合、過去最高も8.9%にとどまる(여성 관리자의 평균 비율, 단지 8.9%의 최고치를 기록)", PRTIMES, 2021. 8. 16. https://prtimes.jp/main/html/rd/p/000000334.000043465.html

47 Trope, Yaacov, Nira Liberman, and Cheryl Wakslak (2007), "Construal Levels and Psychological Distance: Effects on Representation, Prediction, Evaluation, and Behavior," Journal of Consumer Psychology, 17(2), pp. 83-95.
Trope, Yaacov and Nira Liberman (2010), "Construal-Level Theory of Psychological Distance," Psychological Review. 117(2), pp. 440-463.

48 Tenbrunsel, Ann E., Kristina A. Diekmann, Kimberly A. Wade-Benzoni, and Max H. Bazerman (2010), "The ethical mirage: A temporal explanation as to why we are not as ethical as we think we are," Research in Organizational Behavior, Volume 30, pp. 153-173.

49 Kouchaki, Maryam and Francesca Gino (2016), "Memories of unethical actions become obfuscated over time," PNAS, 113(22), pp. 6166-6171.

50 Mazar, Nina, On Amir, and Dan Ariely (2008), "The Dishonesty of Honest People: A Theory of Self-Concept Maintenance," Journal of Marketing Research, 45(6), pp. 633-644.

Gino, Francesca, Maryam Kouchaki, and Adam D. Galinsky (2015), "The Moral Virtue of Authenticity: How Inauthenticity Produces Feelings of Immorality and Impurity," Psychological Science, 26(7), pp. 983–996.

51 Bandura, Albert (2016), Moral Disengagement: How People Do Harm and Live With Themselves, New York, NY: Worth Publishers.

52 "[진중권의 퍼스펙티브] 우린 불법사찰 DNA 없다? 靑의 해괴한 나르시시즘", 〈중앙일보〉, 2021. 2. 17.

53 "망각을 거부하라", 〈한겨레〉, 2021. 3. 2.

54 Arendt, Hannah (1963), Eichmann in Jerusalem: A Report on the Banality of Evil, Penguin Classics.

55 Milgram, Stanley (1963). "Behavioral Study of Obedience". Journal of Abnormal and Social Psychology. 67(4), pp. 371–378.
Milgram, Stanley (1974). Obedience to Authority: An Experimental View. HarperCollins.

56 "女중사 죽음의 방관자들…8명 중 1명이라도 책임 다했다면", 〈조선일보〉, 2021. 6. 15.

57 [제노사이드의 역사] 1박2일 간의 참사…'털사 인종 대학살', 〈월드투데이〉, 2021. 7. 21.

58 "One-third of Asian Americans fear threats, physical attacks and most say violence against them is rising," Pew Research Center, April 21, 2021.

59 나기철, "노숙인 문제를 어떻게 볼 것인가?" 참여연대, 2012. 6. 15.

60 Monin, Benoît and Dale T. Miller (2001), "Moral Credentials and the Expression of Prejudice," Journal of Personality and Social Psychology, 81(1), pp. 33-43. Merritt, Anna C., Effron, Daniel A. and Benoît Monin (2010), "Moral Self-Licensing: When Being Good Frees Us to Be Bad." Social and Personality Psychology Compass, 4(5), pp. 344-357.

61 "딸 성폭행 눈감은 '영부인 겸 부통령'…독재자보다 무서운 니카라과 영부인", 〈경향신문〉, 2021. 8. 3.

62 Effron, Daniel A. and Benoît Monin (2010), "Letting People Off the Hook: When Do Good Deeds Excuse Transgressions?" Personality and Social Psychology Bulletin, 36(12), pp. 1618-1634.

63 Ormiston, Margaret E. and Elaine M. Wong (2013), "License to Ill: The Effects of Corporate Social Responsibility and CEO Moral Identity on Corporate Social Irresponsibility," Personnel Psychology, Vol. 66, pp. 861-893.

64 West, Colin and Chen-Bo Zhong (2015), "Moral Cleansing," Current Opinion in Psychology, 6, pp. 221-225.

65 Effron, Daniel A., Jessica S. Cameron, and Benoît Monin (2009), "Endorsing Obama Licenses Favoring Whites," Journal of Experimental Social Psychology, 45(3), pp. 590-593.

66 조병철, 김혜숙 (2018), "제3자 도덕적 면허 효과 - 범법자 소속 집단에 대한 지각이 관찰자의 처벌판단에 미치는 영향", 한국심리학

회지: 사회 및 성격, 32(1), pp. 1-31.

67 Stansbury, Jason and Bruce Barry (2007), "Ethics Programs and the Paradox of Control," Business Ethics Quarterly, 17(2), pp. 239-261.

Warren, Danielle E., Joseph P. Gaspar, and William S. Laufer (2014), "Is Formal Ethics Training Merely Cosmetic? A Study of Ethics Training and Ethical Organizational Culture," Business Ethics Quarterly, 24(1), pp. 85-117.

de Colle, Simone, Adrian Henriques, and Saras Sarasvathy (2014), "The Paradox of Corporate Social Responsibility Standard," Journal of Business Ethics, 125, pp. 177-191.

68 "컨틴전시 플래닝Contingency Planning⋯위기대응 비책 갖고 계십니까", 〈LUXEMEN〉, 2012, 6월, 21호, pp. 174-178.

69 Taleb, Nassim Nicholas (2007), The Black Swan: The Impact of the Highly Improbable, Random House.

70 "일본 수출 규제: 일본의 반도체 무역 규제가 세계 경제에 악영향을 미칠까", 〈BBC News 코리아〉, 2019. 7. 2.

71 Wucker, Michele (2016), The Gray Rhino: How to Recognize and Act on the Obvious Dangers We Ignore, New York, NY: St. Martin's Press, pp. 219-220.

72 "Generic Drugs Market: Global Industry Trends, Share, Size, Growth, Opportunity and Forecast 2021-2026," IMARC Group, April 2021.

73 Kim, Dong-Sook, Jihye Shin, and Jusun Chung (2021),

"Analysis of the Korean generic medicine market: Factors affecting the market share of generic medicines," Clinical and Translational Science, Sep 29. Doi: 10.1111/cts.13161. Online ahead of print.

74 Madrian, Brigitte C. and Dennis F. Shea (2001), "The Power of Suggestion: Inertia in 401(k) Participation and Savings Behavior," The Quarterly Journal of Economics, Vol. 116, Issue 4, pp. 1149-1187.

75 Hsee, Christopher K. and Howard C. Kunreuther (2000), "The Affection Effect in Insurance Decisions," Journal of Risk and Uncertainty, Vol. 20, pp. 141-159.

76 Smith, Grant W. (1998), "The Political Impact of Name Sounds," Communication Monographs, Vol. 65, No. 2, pp. 154-172.

77 Hsee. Chrisopher K. (1996), "The Evaluability Hypothesis: An Explanation for Preference Reversals between Joint and Separate Evaluations of Alternatives," Organizational Behavior and Human Decision Processes, 67(3), pp. 247-257. Hsee, Chrisopher, K., George F. Lowenstein, Sally Blount, and Max H. Bazerman (1999), "Preference Reversals Between Joint and Separate Evaluations of Options: A Reviews and Theoretical Analysis," Psychological Bulletin, 125(5), pp. 576-590.

78 Campbell, Andrew and Jo Whitehead (2009), "Think Again-

How Good Leaders Can Avoid Bad Decisions," 360°-Ashiridge Journal, Spring, pp. 1-6.

79 Huff, Darrel (1954), How to Lie with Statistics, Penguin Books, p. 80.

80 "통계로 보는 서울 50년 변천사", 〈뉴스와이어〉, 2011. 8. 28.

81 "나랏돈 누수 33년 새 180배 늘어", 〈연합뉴스〉, 2006. 1. 22.

82 황수경 (2010), "실업률 측정의 문제점과 보완적 실업지표 연구", 〈노동경제논집〉, 33권 3호, pp. 89-127.

83 Huff, Darrel (1954), How to Lie with Statistics, Penguin Books, p. 118.

84 "취업은 벅차고 결혼은 늦어지고…당신도 '혼자'에 길들여졌습니까", 〈헤럴드경제〉, 2012. 12. 28.

85 Fehr, Ernst and Urs Fischbacher (2004), "Third-party Punishment and Social Norms," Evolution and Human Behavior, Vol. 25, pp. 63-87.

86 Keeney, Ralph L. (1992), Value-Focused Thinking: A Path to Creative Decision-Making, Cambridge, MA:Harvard University Press.

87 Bossidy, Larry and Lam Charan (2002), Execution: The Discipline of Getting Things Done, Crown Business.

88 Carson, Rachel L. (1962), Silent Spring, Fawcett World Library.

DoM 010

왜 원칙은 흔들리는가
윤리성, 공정, 정의의 회복을 위한 책

초판 1쇄 인쇄 | 2022년 5월 20일
초판 1쇄 발행 | 2022년 6월 10일

지은이 민재형
펴낸이 최만규
펴낸곳 월요일의꿈
출판등록 제25100-2020-000035호
연락처 010-3061-4655
이메일 dom@mondaydream.co.kr

ISBN 979-11-92044-08-8 (03300)
ⓒ 민재형, 2022

'월요일의꿈'은 일상에 지쳐 마음의 여유를 잃은 이들에게 일상의 의미와 희망을 되새기고 싶다는 마음으로 지은 이름입니다. 월요일의꿈의 로고인 '도도한 느림보'는 세상의 속도가 아닌 나만의 속도로 하루하루를 당당하게, 도도하게 살아가는 것도 괜찮다는 뜻을 담았습니다.

"조금 느리면 어떤가요? 나에게 맞는 속도라면, 세상에 작은 행복을 선물하는 방향이라면 그게 일상의 의미이자 행복이 아닐까요?" 이런 마음을 담은 알찬 내용의 원고를 기다리고 있습니다. 기획 의도와 간단한 개요를 연락처와 함께 dom@mondaydream.co.kr로 보내주시기 바랍니다.